KAZUO INAMORI LECTURES

技術開発に賭ける

稲盛和夫［著］

京セラ株式会社［編］

稲盛和夫経営講演選集［第1巻］

1970・1980年代

ダイヤモンド社

稲盛和夫経営講演選集　第1巻

技術開発に賭ける　[口絵]

技術開発に心血を注いだ1970・1980年代

「われわれは、現在のレベルからはとうてい想像もつかないような、壮大で難解な技術開発にチャレンジしています。それができるのはただ一つ、努力次第で人間がもつ可能性は無限に広がると考えているからです」

敬天愛人

稲盛和夫

稲盛和夫経営講演選集　第1巻
技術開発に賭ける──発刊にあたって

一九五九年に、七人の仲間と京セラを創業しました。当時はさしたる技術もありませんし、十分な設備も持ち合わせません。そんなできたばかりの会社が生き残っていくには、誰もできなかった新しいことに挑戦するしか道はありませんでした。以来、ただひたすら技術開発に心血を注ぎ、技術を高め、その延長線上で多角化を進めてきました。

現在（二〇一五年）では、京セラグループはファインセラミックスの特性を生かした各種産業用部品から、半導体パッケージをはじめとする各種電子部品や電子デバイス、また太陽電池や切削工具、医療用材料、宝飾品などのファインセラミック応用品、さらには携帯電話やプリンタ・複合機などの情報通信機器などに至るまで、幅広く展開し、売上は一兆五千億円を超えています。

本書『技術開発に賭ける』は、一九七〇年から、八〇年にかけて行った講演をまとめたもので、私が経営の最前線に立ちながら、技術開発の陣頭指揮もとっていた頃のものです。技術開発をベースに経営を行ってきた、京セラという企業の原点を示すものであると考えています。また、果てしない可能性を信じ、挑戦と創造を繰り返して成長発展を果たしてきたという意味では、現在の日本企業の道しるべにもなるものではないでしょうか。閉塞感漂う現在の日本の産業界にこそ問うべきものだ、とのダイヤモンド社のご要請にお応えし、四〇年も前にお話ししたことですが、公刊を決意した次第です。

資源をもたず、少子化で経済力が低下せざるをえない日本が生き残るためには、技術開発に賭ける以外に立国の道はないはずです。今読み返してみても、四〇年前に語った思いは、変わりません。挑戦と創造、そしてそのベースとなる熱意こそが、新しい時代を切り開く原動力となります。混迷の時代を生き抜くヒントを、本書から見つけていただければ、著者としてたいへんうれしく思います。

『稲盛和夫経営講演選集』は、経営者として半世紀以上、休むことなく邁進してきた私の、いわば轍《わだち》のようなものです。

決して平坦な道ではありませんでした。むしろ険しい登り坂ばかりであったように思います。それでも歯を食いしばり、前を向き、今日まで歩みを止めずにやってこられたのは、経営の目的が、全従業員の物心両面の幸福の実現のため、また人類社会の進歩発展のためという、他によかれかしと願うものであったからに他なりません。

この本も同様です。私が折に触れてお話ししたものですが、真摯に経営にあたる経営者、また組織を導くリーダーの皆さんに、お読みいただければ幸いです。本書を手にとられる皆さんが、すばらしい経営に努められるのはもちろん、一人でも多くの人々を幸福にされますこと、またそのことを通じて、この社会がよりよいものとなることを願ってやみません。

二〇一五年九月

稲盛　和夫

稲盛和夫経営講演選集　第1巻

技術開発に賭ける　［目次］

私の企業家精神　1

熊本日日新聞情報文化懇話会講演――一九七六年一二月二日

研究開発と海外活動に求められるリーダーの人間性

全トヨタ夏期セミナーでの講演──一九七九年八月二三日

本選集は、一九七〇年代から二〇一〇年代（現代）に至る膨大な講演を編集し、収録したものです。エピソードの重複、及び現代では一部不適切と思われる表現もありますが、時代背景や講演の臨場感を尊重し、そのままといたしました。

KAZUO INAMORI LECTURES

私の企業家精神

熊本日日新聞情報文化懇話会講演——一九七六年一二月二日

背景

京セラを創業して一七年目の講演である。

当時、売上約四〇〇億円、従業員約四〇〇〇名の若き企業を率いる稲盛は、四四歳を迎えていた。

会場に集まった約一六〇〇人の聴衆に向け、オイルショック後の低成長時代においても京セラが高収益企業である理由は、「人の心」をベースとした経営にあると述べ、組織を率いるリーダーに必要な「考え方」を説いている。そしてリーダーは、自らの才能を社会のために用いるとともに、会社に自分のすべてを捧げる覚悟が求められると結んだ。

経営において何よりも大事なもの

ただ今ご紹介にあずかりました、稲盛でございます。今日まいりましたのは、私どもの株主の方から皆さんに話をするようにというご依頼を受けたからです。私どもはエメラルドの合成に成功し、クレサンベールというブランドで再結晶宝石を販売しております。その販売代理店を経営していただいている関係で、先般、京都である株主の方にお目にかかった際に、熊本に来て話をするよう頼まれ、お話をすることになりました。

皆さんにお話しできるようなことはないのですが、時間をいただき、とりとめのない話をしようと思います。皆さんが住んでいる熊本に近い鹿児島の出身で、大学を卒業するまで鹿児島で育った私のような男がそれなりの仕事をしている、ということをお話しすれば、「あの程度の男にあれだけの仕事ができるなら、自分もやれるだろう」と思っていただけると考えています。

私は鹿児島大学工学部の応用化学科を出ています。京都で就職するまでは鹿児島弁しか話せず、大学の教授から、「君は京都に就職するのに、鹿児島弁しか話せないのか。それは困ったことだな」と言われたこともあります。就職した会社では、研究部門に配属されました。これからはエレクトロニクスの時代が来るので、エレクトロニクスに使われるような材料開発をしようということで、研究を始めました。

しかし、最初はかかってきた電話をとって、相手の声を聞くことすら、怖く感じていました。私の育ってきた環境では、身近なところに電話がありませんでしたので、私にとって電話は縁遠い存在でした。電話で聞こえる声というのは、どこか遠いところから聞こえてくるような気がして、なかなか聞き取りにくかったことを覚えています。そんな電話を怖れ、標準語も話せなかった私が、大学を卒業し、田舎を出てからもう二一年になります。

一九五九年には、ものはずみで会社をつくることになりました。もちろん、自分で事業を起こせると思ってつくったのではありません。前の会社で研究をしているときに、技術的なことについて上司と意見が合わず、口論となりました。そのときに、九州男児の欠点だと思うのですが、「それならやめます」と言ってしまい、会社をやめることになりました。

その後、外国にでも行こうと思っていたのですが、周りの人々が「せっかく研究をしてきたのだから、その成果を生かして会社を起こしたらどうだ」と勧めてくれたので、今の会社をつくることになりました。しかし、私は会社を起こすだけのお金をもっていません。すると、京都でお目にかかった方が融資をしてくださるとともに、何よりも大事なのは「人の心」だということを教えてくださいました。

最初にその方にお会いしたとき、私は、「今まで行ってきた研究を生かして、何か電子工業に使えるような新しい材料をつくっていこうと思っています」ということをお話ししました。

すると、その方は「あなたはまだ若いけれども、すばらしい思想をもっている。非常に真面目な人間でもある。私が援助してあげましょう。私が三〇〇万円を出します。ただし、それであなたを雇うのではありません。あなたに惚れたから三〇〇万円を出してあげるのであって、あなたが自分でこの会社を動かしていくのです。どのような状況にあっても、お金に使われるようではいけません。あなたと一緒に仕事をしようという仲間がいるのなら、お金も何もない中でも、みんなで力を合わせていく、すばらしい心根をもった集団をつくるのです。そのようなものは、何ものにも代えがたいものです。それを頼りにして経営をしていきなさい」と教えてくださったのです。

私は、七人の仲間と、中学校を出たばかりの二〇人の社員を雇い、二八人で会社を始めました。私どもには他に何もありませんでしたので、私は教えていただいたとおり、人の心を経営のベースにしようと思いました。

確かに、お金に代表される物質的なものは、事業を行っていく上で必要なものですし、一方、人の心は、非常に頼りにならないものでもあるわけです。信じ合える間柄の仲でも、裏切られたり、だまされたりするようなことは日常茶飯事です。しかし、非常に移ろいやすく、はかないのも人の心ですが、同時に、人の心ほど、どのような逆境の中でも頼りになるものもありません。私は、すばらしい人の心をべースに経営をしていくことにしました。

経営のベースを決めた後、私は「頼りにならない心もあれば、頼りになる心もある。その差はどのようにして生じるのだろうか」と考えました。その当時、私は二七歳ととても若かったのですが、「これからは人の上に立って一生懸命人を指導し、人の生活の面倒を見なければならない」という責任を感じていましたので、真剣に考えました。

そして、「すばらしい人の心を求めても、自分の心がすばらしいものでなければ、決して立派な心をもつ人たちは寄ってこないだろう」という結論に至りました。同僚や部下からの信頼に値するような心を、自分自身がもっているかどうか。そのことが大事だと思いました。従業員に信頼されるに足る心を、経営者自身が育てていかなければ、事業はうまくいかないだろうと思ったわけです。

判断の基準は、「人間とはどのようにあるべきか」

私に教えを授けてくださった方は新潟県のご出身で、新潟高校から京都大学の電気工学科を出て、関連がある会社の専務を務められていました。私と同じ技術者でありながら、ご出身がお寺であることから、仏教思想に立脚して、多くの教えを授けてくださいました。

その方からいろいろなことを教わりながら、経営の「け」の字も知らなかった私は、経営者としての道を歩いていきました。

私にとって、会社を経営するようになってからは、毎日がチャレンジの連続でした。私の両親は事業家ではありません。私の親戚にも、経営者は一人もおりません。経営をしていく上で、逐一誰かに教わることはできませんでした。

普通であれば、教えてくださる方がいて、「このような場合にはどうするべきでしょうか」と相談した上で経営をすると思います。ですが私の場合には、今お話ししているその方一人を除いて、他にいませんでした。しかも、忙しい方でしたので、頻繁にお会いするわけにもいきません。

そこで、経営の「け」の字も知らない私は、「経営をしていく上で何をベースにすればよいのか」ということを考えました。そして、私には経営の経験がなかったものですから、子供の頃から両親に教わった、また、小学校・中学校・高校と過ごす間に先生方に教わった、「人間とはどのようにあるべきか」ということに思い至りました。悪さをして両親や先生に叱られたときに教わった、非常にベーシックで、人間として最低限もっていなければならない「人間として生きていく道」というようなものしか、私にはなかったのです。

それ以来、今日まで経営を行う中で、私は経営の基本をそこに置いてきました。緊急の判断を行う場合でも、技術的な判断を行う場合でも、組織上の判断を行う場合でも、そのベースは「人間とはどのようにあるべきか」ということ、ただ一点です。それは、正しいことを正しく貫いていくことであるとも信じています。

これは単純なことですが、そのことが私にとっては非常によかったと思っています。

例えば現在、私どもには銀行預金が一五〇億円ほどございます。その他、債券が九〇億円ほどありますから、いつでも換金できる余裕資金が二四〇億円ほどあるわけです。ですから、先般の狂乱物価のときにも、資金的に大きな余裕があり、大手都市銀行の支店長の方々が何名もお見えになりました。

当時、物価が上がり続ける一方で地価も上がり続ける「土地ブーム」が起こっている中で、私どもは余裕資金を銀行に預金するだけでした。

それを見かねた銀行の支店長の方々は、「おたくは非常にいいお得意先で、またとないお客様です。ただ、社長のあなたがあまりにも正直者で、かわいそうに思えてきました。今、土地が値上がりしていますので、世間では誰もが土地を買い、銀行は多額の融資をしています。その中で、おたくは土地を一つも買わずに当行へ預金されている。世間で誰もが土地を買っているのをご存じないから、おたくは土地を買われないのでしょう。当行にとっては確かにうれしいのですが、このまま黙っているのは申し訳ない気がしています。ご紹介できるいい土地がありますから、ぜひ買うことをお勧めいたします。ただし、当行の銀行預金を下ろされては困りますので、融資をいたします」という話をされました。

私は話を聞いたものの、両親から「額に汗して、苦労して稼がなければならない」という教えを受けてきました。そのため、投機性のある虚業のようなことでお金をもうけてはならないと思い、ご厚意はありがたかったのですが、お断りしました。

その後、土地ブームが去り、世の中が低成長時代になると、銀行だけではなく、経済界を代表する方々が私のもとへ数多くお見えになり、「京セラという会社は、地価が上がり続けているときに土地を一つも買わず、銀行預金と流動性のある余裕資金を豊富に蓄えていた。そして、自己資本比率が七四％の無借金経営を実現した。この低成長時代の企業として、すばらしい経営内容だ」と言って、当社のことを非常に褒めてくださいました。「土地ブームの反動があることを見通した上でこのような経営を行っているのは、まことに先見性がある」とも言われました。

しかし、私にはそのような見通しなどありませんでした。私は両親に教わったとおり、投機的な、額に汗をかかずに稼ぐことを嫌っただけです。土地ブームが去って苦しい時代が来ようとは、決して思っていませんでした。

方法論や術策だけが経営ではない

世間がどれほど変化を遂げていこうとも、経営そのものはそう簡単に変化してはならないのです。経営者は、経営に対する確固たる「哲学」をもっていなければなりません。オイルショックが日本に起こり、高度成長から低成長へ時代が変わってからは、マスコミも経済評論家も一斉に、あらゆる人が「低成長時代をこのように切り抜ける」ということを盛んに論じています。しかし、私はそうは思いません。

経済という現象面では、表面上、いろいろな形でいろいろなことが変わっていくでしょう。しかし、経営そのものはそのような変化に付和雷同するべきではないと思っています。方法論だけで経営を行う、つまり経営学で教えられることだけをもって、「経営というのはこのようなものだ」と思い、経営の方法や術策だけを経営だととらえている方は、周囲が変化するとそれに流されます。しかし、経営者はいかなる変化があろうとも、根本にまで掘り下げた経営哲学をもち、経営というものをそう簡単に変えてはならないと思うのです。

私どもは自己資本比率が七四%の無借金経営をしています。そのことで、「低成長時代に、金利負担もない、すばらしい経営をしている」とお褒めの言葉をいただき、いろいろと引き合いに出していただいています。多くの方が、「京セラのような経営をすべきだ」と言われます。

しかし、今のような時代になったからといって、うちの経営を一朝一夕にまねできるわけではありません。

私は一九五九年に会社をつくってから今日まで、借金だけはしたくないという一心で経営を続けてきました。借金を返済することばかりに一生懸命になり、返済したらまた次のお金を借りに歩く、というようなことだけはしたくないと思っていたので、利益を地道に貯めてきただけのことです。まさか無借金で自己資本比率の高いすばらしい企業だと称賛されるようになろうとは、夢にも思っていませんでした。あくまでも私なりに、「企業というものはかくあるべきだ」という信念をもってやってきただけなのです。

創業して二～三年目の頃だったと思いますが、創業当初に借りた一〇〇〇万円を返そうと必死になっていたときに、先にも述べた私を育ててくださった方から、「あなたはいい技術者ではあるけれども、決して立派な事業家ではないですね」と言われました。

「それはどうしてですか」と聞き返すと、「あなたは最初に借りた一〇〇〇万円を返そうとして、それればかり考えている。人から借りたお金を有効に使って、事業を拡大していくのが事業家なのであって、あなたのように借りたお金を早く返すことばかり考えているようでは、大きい会社を経営する立派な事業家にはなれませんよ」と言われたのです。

しかし私は、他人のお金を借りていることにどうしても不安を感じていたので、地道にお金を返していきました。

さらに後日、大阪証券取引所の第二部に上場することをその方に報告したのですが、上場しないように言われました。私が「それはなぜですか」と聞くと、「あなたは今まで相当苦労してきました。上場すれば株主も増えることになります。株主の要求に応えていくとますますたいへんになるので、上場はやめたほうがいいでしょう」と言われました。

その方が経営をしていた会社は、京セラを創業した一九五九年のときとまったく変わらない大きさでした。私は失礼ながら、「何年たってもあなたの会社は少しも大きくなりませんね。私の会社はここまで大きくなりましたよ。最初におっしゃった話と、ずいぶん違う結果になったと思うのですが」と、親しい間柄でしたので、冗談めかして申し上げました。

すると、「あなたにはまいりました。私は借金をせずに会社を大きくした人を見たことがなかったのです。そのような方法もあることを、あなたを見て初めてわかりました」と、笑いながら言われました。

重要なのは、「何が正しい経営なのか」ということではありません。「世間がこのような経営をしているから、自分も同じようにやってみよう」というように、ただ表面だけを見て方法論をまねしているようでは、立派な経営はできないと思うのです。自分が信じるに値する「哲学」を、強固にもった上で経営していくことが必要だと思います。

アメリカと日本の考え方の違いに苦しむ

一例として、会社をつくって四年目のことをお話ししたいと思います。私どもは、電子工業の最先端を行く製品をつくっていました。しかし、京セラという、資本系列もなければ名前も知られていない会社がつくったものは、大手の電子工業メーカーに採用してはもらえませんでした。

どこの会社がつくっても変わらないような部品ならば別ですが、うちがつくっていたのはブラウン管テレビの電子銃やコンピュータの心臓部に使う重要な部品ですから、「名もない会社がつくったものでは信用が置けない」と言われて、なかなか使ってもらえませんでした。注文をとりに何回も足を運びましたが、門前払いを食らいました。

私は「このままではいけない」と強く思い、アメリカに製品を売りに行くことにしました。日本の電子工業界は、戦後アメリカから電子工業の技術を導入して発展してきました。そうであれば、直接アメリカへ行って、アメリカの電子工業界で一番進んだメーカーに自分たちの製品を使ってもらえば、一も二もなく日本の大手の電子工業メーカーも使ってくれるだろうと考えたのです。実際に、風呂敷包みに製品を入れて、アメリカへ売り込みに行きました。

しかし、日本人にすら相手にされない人間がアメリカへ行ったところで、当然ながら誰も相手にしてくれません。最初に行ったときには、言葉も満足に話せないのにアメリカ中を必死で回り、毎晩涙を流しながら、悔しい思いをしたことを覚えています。当時のお金で一〇〇万円ほどをなんとか工面したのですが、来る日も来る日も製品は一つも売れませんでした。生活習慣の違いなどいろいろな苦労があり、「このまま手ぶらで帰ったのでは従業員に申し訳ない」とがんばりましたが、やはり売れませんでした。

それでも、従業員のことを思えば、あきらめるわけにはいきません。めげずに二回、三回と渡米して、営業活動を続けました。

その効果が現れ、ようやくアメリカで大手のテキサス・インスツルメンツから、アポロ計画の宇宙船に使う電子部品の受注があり、私どもの製品が日本で最初に採用されることになりました。するとその後は、丸紅など商社の方々が「ぜひ京セラの製品をわれわれに売らせてほしい」と多く見えられ、また日本のメーカーも「ぜひ使いたい」と言ってこられるようになりました。

今、私どもはサンディエゴに従業員が約九〇〇人いる工場をもつに至っています。これは、買収した小さい工場で生産を開始したのが始まりでした。

日本のメーカーでアメリカの現地に工場をもち、何百人というアメリカ人を雇って成功している例は、まだあまりないようです。いろいろな企業がアメリカへ行き、生産活動をしているものの、成功という段階には至っていません。

アメリカやヨーロッパの人々の考え方は、日本人とまったく違います。それに加えて言葉の壁もあります。もちろん、人生観や宗教観といったものもすべて違いますし、お互いがもっている文化にも、非常に大きな違いがあります。その中で経営をしていくのは、なかなかたいへんなことでした。

この最初のアメリカの工場は、もともと私どものお得意先であったフェアチャイルドというエレクトロニクスメーカーが、サンディエゴにもっていたものでした。そこが赤字でうまくいかず、私どもに買ってくれと言ってこられたのがきっかけでした。技術者を五人ほど連れてアメリカへ行き、熊本の出身で九州大学を出た者をリーダーにして、操業を始めました。

それからはたいへんな苦労がありました。アメリカ人とはプライベートで長くつき合っており、彼らは非常に気さくでいい人たちだと思っていましたので、仕事でもうまくいくだろうと、楽観的に考えていました。しかし、今までと違う人種の人間がオーナーになり、社長としてアメリカ人を使うことになると、これまで気にも留めていなかったような問題が起こってきたのです。

極端な例では、話をしている中で、第二次世界大戦のことが問題になります。仕事をしていく上では、なあなあで済ませるわけにはいきませんから、技術や生産、販売の問題など、しっかり決めなければならないことがあります。そこで私が厳しく叱ったときに、沖縄戦で負傷したときの弾の痕がまだ残っている社員が、「戦勝国の白人が敗戦国の黄色人種に徹底的に叱られるなど、耐えられない。もう会社をやめてやる」と言ってきたこともあります。楽観的に考えていたことが人種問題にまで広がるとわかり、たいへんな苦労をしました。

また、私の古くからの友人であるアメリカ人を工場に迎えて、幹部として工場の運営を任せていました。最初のうちは私に対する信頼や尊敬も少しはありましたので、うまくいくように見えましたが、しばらくすると、ことあるごとに意見の対立が生じました。

私が何かを言うと、必ずと言っていいほど、「そのやり方は日本では通用しますが、日本とアメリカは風土・気候・文化・教育などあらゆるものが違います。ですからから、アメリカの方法で経営するべきです。あなたのように日本の方法を強制したのでは、アメリカではうまくいきません」というように、日本式とアメリカ式に関する意見の対立がありました。

それに加えて、アメリカでは個人主義が非常に発達していますから、企業に対する彼らの忠誠心は、当然ながら強くはありません。さすがに「自分だけがよければいい。会社はどうなってもいい」と考える人がすべて、というほどではありませんが、会社をうまくまとめるのは難しく、苦労に苦労を重ねました。その上に、毎月赤字が積もっていきました。「もう今月でやめようか。それとも来月まで続けようか」と、何度も悩みました。

しかもアメリカに赴任した社員の家族は、現地では少数派でいじめられていました。家族も連れての赴任でしたが、子供や奥さんは英語が話せません。日本人学校がありませんので、子供は学校に行くだけでもたいへんなようでした。奥さんも買い物に行くことすら苦労されていたようでした。

家族にたいへんな苦労をかけている上に、自分たちの経営している会社は毎月赤字を計上していますが。彼らは「社長に経営を任されていながら、膨大な赤字を背負い込んでいるのでは申し訳ない」という思いでいっぱいだったのでしょう。会議の後に一緒に夕食を食べていると、彼らは涙を流しながら、思いのたけを話してくれました。

会議や打ち合わせをして、一緒に工場に入り、新しい指示を与えて日本に帰るときも、辛い気持ちに耐える彼らの目には涙があふれていました。「このまま飛行機に乗って帰国してはいけないのではないか」と思うほどでした。私は「そこまで辛い目に遭わせて社員を苦しめるくらいなら、いっそこの工場を手放してしまおうか」とすら思いました。

「人の心」を基軸に置く経営を、アメリカでも実践

その後、アメリカの社員が言うような方法を採用してみたり、それではいけない

と思って日本の方法を採用してみたりと試行錯誤を繰り返し、結局は鹿児島の田舎で両親に教わった、「人間とはどのようにあるべきか」という、日本の京セラの経営と同じ考え方を、アメリカでも貫くことにしました。

人種が違えば言葉も違い、文化的なバックグラウンドも違うといえども、彼らも同じ人間です。ですから、「人間として何が正しいのか」ということを貫く経営を行えばいい、ということに気がついたのです。「日本ではそれで成功したのだから、アメリカでも成功するはずだ」と信じ、その後はアメリカの幹部社員たちがアメリカの方法を主張しても、頑としてそれを受け入れず、「アメリカの方法や日本の方法というものはないのだ。経営の方法とは、どの国であろうともただ一つしかない。私の言うことにしたがってくれ」と言って、自分の信じた経営を行っていきました。

私が工場の現場へ出て、女子工員に交じって手伝いをしようとしていると、工場長が来て、「社長室があるのだから、そこにいてもらわないと困ります。作業着を着て工場へ出てきて、女子工員と一緒に働いていたのでは、社長の値打ちがなくなります。アメリカでは、そのような権威のない人を誰も尊敬しません。社長室に帰ってください」と言われたことがありました。

しかし私は、「それでも構わない。そんなことで権威が落ちるなら、落ちても結構だ」と言って、女子工員と一緒に仕事をしていました。

また、昼食は工場の食堂でとるのですが、メニューの中にピザがありました。非常に安く、五ドルぐらいで五人は食べられるので、三つか四つ注文して、一緒に仕事をしていた女子工員に食べてもらっていました。

そのうち女子工員たちは、私と一緒にご飯を食べることが楽しくなってきたらしく、誰が言うともなく、誰が私の横に座るのかが話題に上るようになっていきました。また、「社長はアメリカにいる間、いつも一人でかわいそうだから、お弁当をもってきてあげます」と言って、女子工員がお弁当をつくって会社にもってきてくれました。今でも私が工場に行くと、そのようなことをしてくれますし、うちの幹部にも同じようなことをしてくれています。

これを見たアメリカの幹部社員たちは、「こんな光景は、いまだかつて見たことがない。なぜこんな人間関係が築けるのか」と驚いていました。

さらに今から四年ほど前、まだ採算が合わない頃に、私が「従業員がいつも一生懸命努力してくれるので、ボーナスを出す」と言い、アメリカの幹部社員たちみんなから反対されたことがありました。

彼らは、「社長は日本と同じように考え、ボーナスを出せば、社員が会社をもっと好きになってくれて、もっと長く働いてくれるだろうと考えているのでしょう。しかし、アメリカ人はそうではありません。そんなことをしてあげたとしても、隣の会社のほうが少しでも給料が高ければ、簡単にやめていくのです。そんな無駄なことをするくらいなら、われわれ経営幹部にボーナスをください」と言うのです。

私は、「あなたたちにボーナスを出すのが、かえって惜しいくらいだ」と言って、赤字のときでも決算期には必ず一ヵ月分のボーナスを出し、業績がよくなればさらに増やす約束をしました。従業員は、最初「信じられない、うそではないのか。本当にくれるのか。なぜくれるのか、意味がわからない」と驚いていました。それでも私は、「今は私のすることの意味がわかってもらえないとしても、必ず後でわかってくれるだろう」と信じ、ボーナスを出していきました。

その結果、今では誰も、「違う人種に使われる」というコンプレックスをもっていません。

さらに、昨年の初めから、アメリカ最大の労働組合の上部団体が、「サンディエゴに日本人が経営をしている会社がある。そこで働く従業員は、日本人の経営者のもとで搾取されているようだ。組合をつくって待遇改善などを要求するべきだ」と言って、私どもの工場に連日やってきては座り込みを行い、ビラをまき、組合をつくれと扇動をしました。同時に、アメリカでは珍しい共産党の人もやってきて、同じようにビラをまいて、共産党系の組合をつくれという活動を行っていました。

しかし、結局は二〜三人が加盟しようとしただけで、従業員の大半は応じませんでした。今では、そうした動きもなくなっています。

そのようなこともあって、アメリカの工場も非常に順調にいくようになりました。今では、一〇〇億円の売上で二四億円もの利益が出るという、すばらしい工場に発展しています。これもひとえに、私が方法論に頼った経営ではなく、本質、つまり「人間そのもの」に判断基準を置いた経営を行ってきたためであると思っています。

福沢諭吉の唱えた、あるべきリーダーの姿

私どもは技術者ですから、技術がなければ経営ができないわけですが、その他に、上手に商売をするための方法論も必要でしょう。しかしさらにその前に、人の上に立つ経営者は、リーダーとして立派な人間性をもっていなければなりません。これが一番大事なことだと思います。

福沢諭吉《ふくざわゆきち》が、まだ日本が近代的な産業社会に移行する前に、「企業家はどうあらねばならないか」ということについて述べた言葉があります。私はその言葉が好きで、よく例に引くのです。彼はこのように言っています。

思想の深遠なるは哲学者のごとく、心術の高尚正直なるは元禄《げんろく》武士のごとくにして、これに加うるに小俗吏《しょうぞくり》の才をもってし、さらにこれに加うるに土百姓《どびゃくしょう》

の身体をもってして、はじめて実業社会の大人《たいじん》たるべし

実業社会の中で成功するだけの立派な実業家になるためには、その人がもつ思想は哲学者のように深遠なものでなければならないし、その人の心根はまことに正直で誠実な、元禄武士のようにすばらしいものでなければならない。

一方で、そうしたきれいな側面だけではなく、賄賂をもらう小俗吏のような才をもたなければならない。実業社会は生き馬の目を抜くような商売の世界ですから、その中で生きていくためには、やはりそうした才能ももっていなければなりません。

しかし、そうした才能は悪賢い方向にも使われかねません。そうであるが故に、それを動かしていく心根や思想が高いレベルのものでなければ、小俗吏がもつような才能だけに頼ってしまい、社会に害を成す実業家になってしまいます。

加えて、土百姓のような強靭な体をもっていなければ、実業社会の大人にはなりえない、と言っています。

日本の経済が黎明期にあった明治の時代に福沢諭吉が言ったこの言葉に、私は非

常に大きな感銘を受けました。以来、私どもは、この福沢諭吉の言葉にあるようなことを拳々服膺《けんけんふくよう》して、今までやってきたのだと思います。

われわれには、すばらしい夢やロマンがある

また、私どもは研究や技術開発を行っていますので、「このような研究や技術開発をしよう」と決めてから研究を始めるわけですが、私はそうした場合に、「どのような仕事をすれば、今後事業化できるだろうか」ということを考えます。私と同じようなことは、皆さんも考えられることがあると思います。

私は時々、「どのような事業をすればいいかわかりません。何かいいアイデアはありませんか」というような相談を受けるのですが、世の中には、事業を起こせるだけのアイデアは、いくらでもあると思っています。そのアイデアを形にできるかどうかは、「その人が自分の人生や事業に対して、どれほどの夢を描ける人である

のか」ということにかかっていると思います。

私どもは電子工業用の新しい部品をつくっていますが、もとになったのは焼き物の技術です。大学で化学を専攻した者の中では、焼き物を扱う会社は、一番成績の悪い人間が行くところであり、焼き物の世界は魅力もなければ発展性もない世界だと言われていました。

しかしその世界の中で、私は自分で描いた夢を追求していきました。例えば、「宝石のサファイアを人工的につくっていく方法があるはずだ」と思い、その方法を模索していきました。

先般の不景気で、私どもの会社も仕事量が半減しました。従業員も非常に心配をしていましたが、私は社員に向かって、「好不況の波は必ずある。今はうちも非常に苦しい状況だが、私は決して他の会社のように人員整理をするつもりはない。仕事が午前中やるだけしかない日が続くが、かえっていいではないか。今こそ、われわれの夢を育てよう。われわれにはいろいろな可能性があるのだから、社員のみんなも一緒に考えてほしい。この不景気の中でも、われわれに起こるのは決して悪いことばかりではない。われわれには、すばらしい夢やロマンがある。希望に燃えながら、一つひとつ実現していこう」と訴えたのです。

どんな仕事でも、決して傍から見るほど楽ではありません。その中で、社員に夢とロマンを与えられる経営者でなければならないと思います。

愚直に成功を信じ、ひたむきに突き進む

私どもは、人工宝石以外にも、医療用のセラミックスなどの新しい事業を行っていますが、そうしたものを開発していく上で、決して途中であきらめることはありません。五年かかろうと一〇年かかろうと、絶対にやめません。愚直に成功を追いかけるのです。一度成功を信じたら、とことんまで追いかけて、必ず成功させるのです。

新しい仕事をしようとやってみたものの、うまくいかずにあきらめてしまう人が

非常に多いと思います。もっと掘り下げていけば、非常に立派な事業になったかもしれないのに、たいした情熱を燃やすことなく、「うまくいったら続けよう。うまくいかなかったら手を引こう」というような気持ちで取り組む人が多いのです。一方、私どもの場合は、まったく逆です。最初から愚直に成功を信じ、ひたむきに突き進んでいくのです。

これは一見非常に危険なことのように思えますが、成功していく一つの要因なのです。先般も、窯業協会で今年の年次総会がありました。私と同じようなセラミックスを研究している大学教授が二〇〇〜三〇〇人集まった席で、私に「技術開発に賭ける」という題で特別講演（編集注：本書収録）を行うように言われて、アメリカからいらっしゃった学者の方々と一緒に講演をすることになりました。

そのときに話をしたのですが、大手メーカーは立派な研究所をもっており、多くのスタッフを抱えていろいろな研究を行っているにもかかわらず、一〇〜二〇ものテーマのうち、一つか二つが成功すればよしとしているようです。私どもにはそうした余裕がありませんので、選んだ研究テーマは必ず成功させます。

そう言いますと、誰もが「そんなことがあるわけがない。研究が一〇〇％成功するなどありえない。大手メーカーがあれだけの研究スタッフを擁しても、一〇のテーマのうち一つか二つしか成功しないのに、京セラだけが必ず成功するはずがない」と言われます。しかしそれは、「一〇や二〇も研究テーマがあるのだから、そのうちの一つか二つが成功すればいい」と経営者の方々が考えているために、そのような結果になるのです。

私どもは、「どうしても成功させなければならない」と思っているが故に成功し続けるのです。

潜在意識にまで入っていくような、強烈な願望をもつ

私は先ほど、アメリカに製品を売り込みに行ったときのことを申し上げましたが、最初にアメリカへ行ったときには、英語もあまりできませんし、洋式便所の使い方

さえ知りませんでした。

私の友人で東京の会社に勤めている者がいました。彼は松戸の公団住宅に住み、水洗の洋式便所を使っていました。そこで、アメリカに行く前に電話をして、「すまないが、明日からアメリカへ行かなければならないので、今日は君のところに泊めてくれ。西洋式の便所の使い方を覚えておかなければ困るんだ」と頼み込み、使い方を教えてもらいました。

汚い話で申し訳ありませんが、今でも洋式便所の便座に座りますと、「アメリカへ行かなければならない」という言葉が口をついて出ます。アメリカへは毎年六〜七回も行っていますので、もう数え切れないほどの回数になっているでしょう。飛行機に乗るだけでも疲れるので、本当は行きたくないのですが、それでも便座に座ると、「アメリカへ行かなければならない」という言葉が出てくるのです。

これは私が、「会社の後々のために、アメリカへ行ってこの事業をどうしても成功させなければならない」と強く考えているからでしょう。「自分の命とひきかえにしてでも成功させたい」というほどに願望のレベルを高めていきますと、その願望は人間の潜在意識に浸透していくのです。

われわれには意識下で行動する場合と、無意識のうちに行動する場合とがあります。意識下で行動する場合は、事業のことを考えているのは、「成功させなければならない」と思っている間だけです。一方、潜在意識にまで入ってしまうと、たとえ寝ているときでも事業のことを考えるようになります。「この事業が成功すればいい」という生易しいものではなく、「自分の命とひきかえにしてでも成功させたい」というほどの強烈な願望が潜在意識にまで入っていく。

そうすれば、寝ても覚めても事業のことを考えているわけですから、必ず成功するはずです。また、そこまで高まった願望をもつならば、研究や技術開発に限らず、他のことにおいても成功するでしょう。

自分の仕事に対して誇りも感激もなく、「うまくいったらもっと伸ばせばいい」という程度の願望しかもたない人は、何をやっても絶対に成功しません。何を行うにしても困難に遭遇するものですが、それを承知の上で全身全霊を傾けて行えば、何事も成功するものだと思っています。

自らの才能は社会のために

私は鹿児島の田舎から出てきて、幸いにして事業で成功することができましたが、「アメリカの工場も含めた約四〇〇〇名の従業員や、相当な数の株主のために、私が京セラの社長として存在する必然性は、はたしてあるのだろうか」と考えたことがあります。

私は、稲盛和夫という人間が京セラの社長である必然性はない、と思っています。言葉が悪いかもしれませんが、世の中は、頭のいい人も悪い人も一定の確率で存在するから成り立つのであり、頭のいい人ばかりいても、頭の悪い人ばかりいても、世の中は成り立たないでしょう。神様がつくった一定の比率で、頭のいい人も悪い人も両方存在するのが社会だと思うのです。

京セラという会社を経営するのは、何も私でなくても、別の方であってもいいのです。つまり、神様が経営の才能をもつ人間を無造作に決めたうちの一人が、偶然私だったというだけです。

その証拠に、私の両親は頭のいい事業家ではありません。逆に、立派な両親から立派な子供が育つわけでもありません。世の中にそうした人々が一定の数だけ存在するように神様がつくっただけであり、それが私自身である必要はないのです。私に代わるべき人であれば誰でもよく、何も私個人が社長である必然性というものはないと思っています。

そのように考えた後、「私は今後どのようにあるべきか」ということを考えました。そして、私は偶然にも会社を経営する才能に恵まれ、京セラの社長になりましたが、その才能を私のために利用してはならない、と思うようになりました。

世の中が成り立つためには、集団のリーダーになるべき人が必要であり、その一人が偶然にも私だったのです。ですから、「大きな会社の社長を務めている私は偉い人間であり、お金持ちであって当たり前だ」などという傲慢《ごうまん》な思いを抱くようになってはならないと思います。

本来であれば私である必要などなかったのですが、神様が私に対して「集団のリーダーになれ」と命じたのであれば、その才能を社会のために使わなければいけません。従業員や株主など、私を取り巻く方々に対して自分の才能を使うことこそが必要なのです。自分の才能を自分だけのものだと錯覚して、自分だけのために使ってはならないと思います。

世の中の一部の人がリーダーである必然性があるとするなら、それは神様がリーダーの存在を必要だと認めて才能を与えたのです。だから、社会に向けてその才能を使うべきであって、個人的な欲望のために使ってはならないと思うのです。

会社に全生命と全人格をつぎ込む

最後に、このようなことも考えています。少し難しい話かもしれませんが、私には京セラの社長である私と、稲盛個人である私という、二つの「人格」があります。

京セラを代表する「公人」としての私と、「個人」としての私がいると言ってもいいでしょう。

そして会社は毎日、一つの「生き物」のように、いろいろなことを決めていかなければいけません。つまり会社は生きているのですが、そこに生命と人格を注入するのは、社長である私にしかできない役割なのです。

京セラという会社は、多くの社員が生活を預ける、非常に大事な組織です。にもかかわらず、株式会社という「無生物」であり、それ単体では生きていられない。私がトップとして、私の全生命と全人格を注入している間だけ生きていられます。社長が個人に返っている間は、呼吸も心臓も止め、生きているのをやめてしまうのです。

私はそのことが心配で、個人としての自分に返れません。京セラという無生物に、四六時中生命を注入することが、私の役割なのです。そうすると、私が個人に返る時間がないことになりますが、家庭を犠牲にし、その他すべてのものを犠牲にしてでも、会社に生命と人格をつぎ込まざるをえないのです。

それだけの打ち込み方ができない人は、経営をしてはなりません。そうでなければ、従業員にも株主にも、あらゆる人に迷惑をかけることになります。トップにいい加減な経営をされたのでは、誰もが不幸になっていきます。

私はそのような心配をしているが故に、全身全霊を傾けて経営をしています。一年三六五日のうち半分以上は、アメリカやヨーロッパなどに出張しています。日本にいても、そのうちの半分ほどしか家にいられず、家族と会う機会もあまりありません。

しかし幸いにして、三人の娘は、父親が家にいないことに対する不平不満も言わずに、私の事情をよくわかってくれています。家にいるごく短い時間、家族と会話する中で、必死になって生きている私の「生きざま」をたまに話すだけで、私が企業に全身全霊を打ち込んでいることをわかってくれているのです。

ごく短い時間にしか個人に返れないので、その意味で私の人生は非常に不幸だと思われる方がいるかもしれません。しかし、私は自分の事情を家族に理解してもらっていますから、それでもいいと思っています。そうでなければ、おこがましく社長として人の世話をするわけにはいきません。

もう時間が迫ってまいりました。今後とも、田舎を出てきたときと変わらない、素直で純粋な考え方をもち続けて、驕《おご》ることなく努力をしていきたいと思っています。熊本よりも貧しい隣の県で生まれて、大人になるまで田舎で育った私のような男にこれだけの仕事ができるわけですから、皆さんに「あの程度の男にあれだけの仕事ができるなら、自分はもっと立派な仕事ができる」と思っていただければ、今日ここに来たかいがあると思っております。

非常に拙い話で恐縮ですが、以上で終わらせていただきます。ありがとうございました。

要点

非常に移ろいやすく、はかないのが人の心だが、同時に、人の心ほど、どのような逆境の中でも頼りになるものもない。そのように、すばらしい人の心をベースに経営をしなければならない。

◉

すばらしい人の心を求めても、自分の心がすばらしいものでなければ、決して立派な心をもつ人たちは寄ってこない。同僚や部下からの信頼に値するような心を、自分自身がもっているかどうか。自ら信頼されるに足る心を育てていかなければ、事業はうまくいかない。

◉

緊急の判断を行う場合でも、技術的な判断を行う場合でも、組織上の判断を行う場合でも、そのベースを「人間とはどのようにあるべきか」ということに置く。正しいことを正しく貫いていくのだ。

◉

世間がどれほど変化を遂げようと、経営そのものはそう簡単に変化してはならない。経営者は、経営に対する確固たる「哲学」をもっていなければならない。

◉

経済という現象面では、表面上、さまざまな変化が起きる。しかし、経営そのものはそのような変化に付和雷同するべきではない。経営者はいかなる変化があろうとも、根本にまで掘り下げた経営哲学をもち、経営を簡単に変えてはならない。

◉

重要なのは、「何が正しい経営なのか」ということではない。世間に流行する方法論を表面だけを見てまねしているようでは、立派な経営はできない。自分が信じるに値すると思う「哲学」を、強固にもった上で経営していくことが必要なのだ。

◉

人種が違い、言葉が違い、文化的なバックグラウンドも違う外国人も、同じ人間だ。外国でも「人間として何が正しいのか」を貫く経営を行えばいい。

◉

実業社会の中で成功する立派な実業家になるには、その人がもつ思想は哲学者のように深遠なものでなければならないし、心根はまことに正直で誠実な、元禄武士のようにすばらしいものでなければならない。

また、賄賂をもらう小俗吏のような才をもたなければならない。生き馬の目を抜くような実業社会を生きていくためには、きれいな側面だけではなく、そうした才能も必要だ。ただし、そうした才能は悪賢い方向にも使われかねないので、それを動かす心根や思想は高いレベルのものでなければならない。

加えて、土百姓のような強靭な体をもっていなければ、実業社会の大人にはなりえない。

◉

世の中に事業を起こせるだけのアイデアは、いくらでもある。そのアイデアを形にできるかどうかは、「その人が自分の人生や事業に対して、どれほどの夢を描ける人であるのか」ということにかかっている。

◉

好不況の波は必ずある。不景気の中でも、決して悪いことばかりが起こるのではない。希望に燃えながら、すばらしい夢やロマンを一つひとつ実現していくべきだ。

◉どんな仕事でも、決して傍から見るほど楽ではない。その中で、社員に夢とロマンを与えられる人でなければならない。

◉新しい仕事をすぐにあきらめてしまう人が非常に多い。もっと掘り下げていけば、非常に立派な事業になったかもしれないものがある。「うまくいったら続けよう。うまくいかなかったら手を引こう」というような気持ちで取り組むのではなく、愚直に成功を信じて、ひたむきに突き進むことが大切だ。

◉われわれには、意識下で行動する場合と、無意識のうちに行動する場合とがある。意識下で行動する場合、事業のことを考えているのは、「成功させなければならない」と思っている間だけだ。一方、潜在意識にまで入ってしまうと、たとえ寝ているときでも事業のことを考えるようになる。

◉

「自分の命とひきかえにしてでも成功させたい」というほどの強烈な願望が潜在意識にまで入っていく。そうして寝ても覚めても事業のことを考えていれば、必ず成功する。また、そこまで高まった願望をもてるならば、研究や技術開発に限らず、他のことにおいても成功することができる。

◉

自分の仕事に対して誇りも感激もなく、「うまくいったらもっと伸ばせばいい」という程度の願望では、何をやっても絶対に成功しない。何を行うにしても困難に遭遇するものだ。それを承知の上で全身全霊を傾けて行えば、何事も成功する。

◉

京セラという会社を経営するのは、何も稲盛でなく、別の人であってもいい。世界をつくった神が経営の才能をもつ人間を無造作に決めたうちの一人が、偶然稲盛だったただけのことだ。

◉

経営者であるのが、世界をつくった神が「集団のリーダーになれ」と命じたためであるとすれば、その才能を社会のために使わなければならない。従業員や株主など、取り巻く人々に対して自分の才能を使うことこそが必要なのだ。

◉

世の中の一部の人がリーダーである必然性があるとするなら、それは神がリーダーの存在を必要だと認めて才能を与えたためなのだ。だから、リーダーはその才能を社会に向けて使うべきであって、個人的な欲望のために使ってはならない。

◉

会社は毎日、あたかも一つの生き物のように、いろいろなことを決めていかなければならない。つまり、会社は生物のように生きているのだが、そこに生命と人格を注入するのは、トップの社長にしかできない役割だ。社長が個人に返っている間、その組織は生きているのをやめてしまう。

KAZUO INAMORI LECTURES

技術開発に賭ける

窯業協会第五〇回総会講演——一九七六年五月一九日

背景

大阪・中央電気倶楽部で開催された窯業協会総会での講演である。同協会はセラミックスの産業及び科学・技術の発展を目的として一八九一年に設立された公益社団法人であり、協会誌「セラミックス」を発行している。

なお本講演は、後の「セラミックス」誌に掲載されている。

技術開発で求められる「考え方」

京都セラミック株式会社の稲盛でございます。
私は皆さんにお話をするような者ではございませんが、一九五九年に七人の仲間と会社をつくりました。当時の私どもにはさしたる技術もありませんし、売れる製品もなかなかありませんでした。結局、人がやらなかったような新しいことをする以外に生きる道がありませんでした。創業から一七年の間、ずっとこのようにして今日に至りましたが、その中で培ってきた考え方の一端を申し述べ、皆さんのご参考に供したいと存じます。

技術開発が日本にとって欠くことのできないものであることは、皆さんもご承知のことと思います。先般のオイルショックで、日本経済は危機的な様相を呈し、資源のない日本の惨めさを痛感させられました。この体験から、この一億一〇〇〇万人の日本国民の将来は技術開発に賭ける以外はないと、おそらく全日本国民も、またこの場にいる皆さんも思われたことだろうと思います。

日本は戦後の復興の中から、工業を大きく発展させてきました。ところがその繁栄は、先進諸国からの技術導入によってもたらされたものです。ここまで日本経済が復興すると、今後は先進諸国からライバルと見られ、技術導入は容易に行いえない状態となってくるでしょう。そうした日本を取り巻く国際環境を考えると、いつまでも外国技術に依存するようでは、日本国民の将来にとって大きな憂いとなってくるだろうということは、皆さんもお考えのことと思います。

ここにおられる皆さんは、技術者としてすばらしく優秀な方ばかりでしょうから、技術開発の内容についてお話ししようとは思っていません。私は現在有している技術や知識からあえて離れ、今後優れた技術を開発するのに何が必要なのかということを、常に考えてきました。今日はそのあたりのことをお話ししようと思います。

技術開発の成果は、どのようにして現れるのでしょうか。成果を生み出すファクターを見ていくと、まず「知識」または「学問」が大切であるのはもちろんのことですが、技術開発を進められる「能力」も重要なファクターです。さらに、その人のもつ「考え方」も重要なファクターとして挙げられると思います。私は、技術開発の成果は、これら三つのファクターが単に足し算された和ではなく、掛け算された積であると考えています。

学問的、または技術的な「知識」を多くもち、非常に高い「能力」をもっている人は優れた技術開発ができると思われがちですが、そうではないのです。学問的な「知識」に非常に優れ、頭脳明晰で非常に高い「能力」をもっていれば、それらの積は非常に大きな値になります。しかし、技術開発を進めていく上で、その人がもつ「考え方」がネガティブなものであった場合には、掛け算の結果はマイナスになります。ですから、いくらがんばっても立派な成果が上がらないという結果になるのです。

以上のようなことを、かねがね仕事をしながら考えてきました。その中で、社員にいつも話をしてきた技術開発をする上で求められる「考え方」について、これからお話ししてみたいと思います。

まずは動機づけが大事

まず一番大切なことは、「なぜ自分が技術開発をしなければならないのか」という意味づけの問題です。平たく申しますと、まずは動機づけが大事だということです。

私どもは一九五九年に会社をつくってから、毎日技術開発に努めてきました。最初にそれを支えていたのは、会社に集まった従業員を食べさせていかなくてはならないという切迫感でした。当時のわれわれには、常にそうした危機感がありました。その危機感が技術開発の動機づけとなり、われわれをモチベートしていったわけです。このような、「生きのびることができるか否か」という瀬戸際に位置していたことが、技術開発の意味づけになったのだと思います。

しかし今になって、もう少し次元の高い動機づけが必要なのではないかと反省をしています。中には、技術開発をする目的が、博士号をとることだという人もいるでしょう。事業を成功させて金をもうけたいという人もいるでしょう。技術開発の意味づけが、このように個人の利益や興味に起因するものであると、博士号をとるまでは一生懸命勉強をしますが、その後はあまり勉強をしなくなります。また、ある程度事業が成功して食べるのに困らなくなった後は、技術開発のスピードが落ちることがあると思います。

ですから、技術開発を行う動機づけは、できれば個人に起因するものではなく、もう少し高い次元のものにしなければならないと思っています。その人にとって生きがいになるような動機づけができれば、すばらしいと思います。私は常にこの点を非常に重要視して、社員に話をしています。

思えば、私は田舎の大学を出て、偶然このような仕事を始めました。今になって、セラミック材料の開発を手がけることができるとは、私はなんとすばらしい仕事に巡り会った幸せ者なのだろう、と思っています。と申しますのは、生活環境の中で使われてきたあらゆる材料の中で、セラミック材料は今後もさらに大きく発展していくと思うからです。未来において大きく発展する可能性がある新材料があるとするなら、それはセラミック材料をおいて他にはありません。そうしたすばらしい可能性を秘めた材料の開発に携わることができることは、とてもすばらしいことだと思っています。

セラミック材料からは、今まで考えられなかったような技術が出てくるでしょう。現在でも、従来の材料には見られない優れた性能をもつ、ナイトライドやカーバイドといった新材料が開発されています。今後、このような新材料は、多くの新分野で、幅広く大量に使われていくだろうと思います。今まで身の回りで使われてきた従来のセラミック材料と、新しいセラミック材料が組み合わされ、すばらしい展開がなされることも期待できます。ですから、新しい技術の開発に携わることができるということが、どれほどすばらしいことで、かつ幸せなことであるかと最近よく考えるのです。

食べていくためという当初の動機から、今お話ししたような動機へ発展させることができたのは、セラミックスというすばらしい可能性を含む材料を、研究できる幸せに感激しながら、日々ロマンを描いていたからだと思います。私は毎日と言っていいほど、セラミック材料の今後の応用を考えていますが、考えているうちにとても興奮してきます。単に考えるだけで、実際には何も行わないとしても、すばらしい気持ちになってきます。

技術開発を志す者は、自分が開発しようとしているテーマをすばらしいと感じなければなりません。好きであれば、たとえ夜中であろうと熱意をもって取り組みますが、嫌々ながらであれば、なんの成果も上がりません。「惚れて通えば千里も一里」と言われますが、まずは自分が行う仕事に惚れ込むということが、技術開発を進めていく上で非常に大切なのではないかと思います。

一番欲しいのは、自ら燃える人

次に大事だと思うことは、技術開発のテーマを決めた後は、「このテーマはこの点が非常に難しい」といった、ネガティブな考え方をしないことです。開発テーマを何にするか検討している段階では、とかくネガティブな考え方が浮かんでくるものです。その段階では、確かにネガティブな側面は十分に検討しなければなりませんが、テーマを決め、いざ開発を進める段階に至れば、ネガティブな考え方はすべて放り出してしまうことです。

われわれ京都セラミックは、現在のレベルからはとうてい想像もつかないような、壮大で難解な技術開発にチャレンジしています。それができるのはただ一つ、努力次第で人間がもつ可能性は無限に広がると考えているからです。私どもの中には、テーマを検討するときにネガティブな考え方をする担当者もいます。「社長、そのように言われますが、ああいった問題やこういった問題もあるので、このテーマは難しいです」「このような問題があるので、そのテーマは不可能だと思います」というような発言をよく聞くのですが、私は彼らに対して、「そんなネガティブな考え方をせずに、どうすればできるのかを一緒に考えようではないか」と言ってきました。

たった一つのテーマでも、また技術開発と名のつかないような小さなテーマであってもよいので、若いうちから一生懸命取り組んでもらい、少しずつ自信をつけさせ、次の大きなテーマにあたってもらうようにしています。大きな技術開発だけでなく、一見些細に思えるような日常の仕事の改良改善や工夫についても同じことが言えると思っています。

技術開発をする人は、とかく知的で冷静な人であると一般に思われているようです。しかし、私どもの会社で技術開発を行っているメンバーを見ると、どちらかというとおっちょこちょいで感激屋である人が多いのです。理性的で冷静なタイプの人はなかなか自ら燃えてくれません。技術開発は辛いことの連続ですから、たとえわずかな成果に対してでも、自ら感激して喜べるタイプの人でなければ務まりません。常に誰かが自分のことを見てくれていて、評価してくれなければ燃えることができないという人では、技術開発はできないと思います。

社内でよく言っていますが、私が一番欲しいのは自ら燃える人、その次に欲しいのは火を近づければ燃える人、一番欲しくないのは火を近づけても燃えない人です。

いかに新しくすばらしいテーマを示し、その重要性や未来の夢を話し合っても全然燃えてくれない人は、いかに頭がよくても信頼することができません。そこで私は、一般には技術開発に向かないと思われがちな感激屋を、好んで技術開発にあたらせています。もちろん、そのままでは研究させられませんので、開発を進めるために必要となる知識と緻密さと慎重さも、後から要求するようにしています。

自分自身に対して厳しく追及する

また、自分自身に対して厳しく追及できる人でなければ、技術開発の成功はおぼつかないものです。一人で研究をしていると、とかく独りよがりになり、自分が行った技術開発がよく見えてくるものです。ですから、気に入らない結果が出てくると、自分に都合のいいように解釈してしまうことがままあります。

自分自身に対して厳しく追及できるようになるには、素直な心をもたなければならないと思います。大学の知識だけでは、万人が評価するような成果はほとんど上げられません。円満な人間性に基づく考え方をもっていなければ、立派な成果とは縁遠いと思います。

同時に、苦しい問題に自ら進んで取り組む積極性も必要かと思います。人は誰もが弱さをもっており、困難に遭遇すると逃げようという気持ちが働きます。思うような成果が出ないと、なんらかの逃げ道を見つけてできなかった理由を並べ立て、自分自身を慰めようと思いがちです。だからこそ技術開発という仕事は、すばらしい勇気と謙虚さをもつ人だけに許されると思います。

たゆまぬ努力が、偉大なことを成しうる

重複しますが、私どもは技術開発に対して、愚直に無限の可能性を信じています。技術開発のテーマが決まると、わき目もふらず努力を続けます。今までさまざまな

開発を行ってきましたが、中には約八年かけてやっとものにしたものもあります。技術開発は一朝一夕には進みません。「たゆまぬ努力が偉大なことを成しうる」という強い信念をもち続け、たとえ何年もの長い時間がかかっても、孤独に耐えながら開発を続けるのです。無限の可能性を信じることと、一歩一歩地道な努力を行うことが、すばらしい成果を生むと信じています。これを信念として、今後も開発を行っていきたいと思います。

今まで不成功に終わった開発テーマは、一七年間に二〜三例しかありません。狩人と同じように、狙った獲物は必ず仕留めるという執念をもって開発します。そのような執念が、技術開発には必要だと思います。功を焦ってはなりません。地味な努力を続けることによってすばらしい結果が舞い降りると、私どもは信じているのです。

加えて、これほど高いレベルにまで技術開発が進むと、わずかばかりの経験や知識では、新しい技術開発はできそうにありません。したがって、「何か良いアイデアはないか」と、皆さんも常々お考えのことと思います。

しかし創造的なアイデアは、漫然と何かを探している状態では出てこないと思います。すばらしいアイデアを頻繁に出す方がいますが、そのような方は問題に直面するたびに非常に苦しみ抜かれたはずです。問題に直面し悩み苦しんでいると、その問題がその人の潜在意識の中にまで浸透していき、ある瞬間、他のことを考えていても、潜在意識下にはその問題があるという状態になります。潜在意識下にまで浸透するほど、壮烈なまでに開発テーマに取り組んでいる状態こそが、新しいクリエイティブなアイデアを生むと思うのです。

夜通し仕事をして疲れ、庭でぼんやりと休んでいるときに、それまでなかなか解決しなかった問題の糸口が突然つかめて、解決するということがよくあります。私はそのような瞬間を、「神の啓示」と表現しています。あまりに悩み苦しんでいるので、神様が啓示を与えてくださったのではないか、ということです。それほどまでの努力と執念をもった状態が、新しいクリエイティブなアイデアにつながっていくと思います。

一昨年、昨年と今までにない不況に見舞われ、日本経済が沈没するのではないかと思われる状況では、私のように小さな会社の経営者は、社員の生活を考えると満足に寝てもいられません。今ある製品を少しでも多く売らなければなりませんし、新しい製品も開発しなければなりません。このような状態で、自分たちにはどのようなことができるのか。その可能性を一生懸命探り、苦しんだ末に出てくるものが、クリエイティブなアイデアです。それがどこにもないユニークな製品へと形を変えていくのです。

もっとも、たくさんの仕事をしていると、頭も肉体も疲れきってしまうことがあります。そのようなときに心の余裕をもつことも、難しいことですが必要なことです。仕事が修羅場のような状態になっているときには、心に余裕がある時間をもてるのともてないのとでは、大きな違いが生まれます。仕事は打ち込まなければうまくいきませんが、打ち込めば打ち込むほど頭も肉体も疲弊します。そのような中で、仕事を終えて家に帰ると、ふと新たなアイデアが浮かぶことがあります。本来ならば浮かぶはずのないアイデアが突然浮かんでくるのは、わずかな環境の変化で自分に心のゆとりができたためだと思います。

私には特別な趣味はありませんが、パチンコだけは好きでして、疲れ果てていても日曜日には親指にマメができるほどパチンコをします。パチンコをしてほっとした瞬間に、一週間分の疲労が全部吹き飛んでいくのを感じます。このようにして気分転換を行い、次の日にはまたフレッシュで柔軟な頭脳を働かせられるようにすることが必要だと思います。

自身の能力を、未来進行形でとらえる

もう一つ、私どものような企業にとって非常に重要なことは、技術開発をするタイミングです。完成が数ヵ月あるいは一年遅れたために、まったく価値がなくなってしまう技術もあります。開発のタイミングが非常に難しいことは、大学や研究所でも同じだと思いますが、企業においては極端な場合、死活問題にもなります。

そのため、私どもが開発テーマを決めるときは必ず完成期日まで設定します。私

どもの設定する研究開発の目標は、必ずといってよいほどその時点での能力をはるかに超えたものですから、先ほど言ったように、不可能だということを盛んに主張する人がいます。また感激屋の人は、具体的で現実的な解決策をもたずに、ただやりましょうと言います。そうした状態のままで開発をしていくのは、非常に危険です。いずれにしても能力以上の開発テーマを選ぶだけに、それをいつの時点までに成し遂げるかが成否を決めます。タイミングを失するとまったく無意味になってしまうので、開発の納期を決めてしまう必要があるのです。

そのような開発をリードする人に要求されるのは、未来のある一点までに、自分およびグループの能力を、そのテーマに対応できるまで高められるか否か、予測する能力です。現時点での実力のみで開発の成否を判断することは、誰にでもできます。そうではなく、今はどうあがいてもできそうもないテーマをあえて選び、未来のある一点において完成させることを決めるのです。すなわち技術開発に携わるリーダーは、自分ならびにグループのもつ能力を、将来のある時点においてどのように発展させるか、構想できなければなりません。

私どもは、自分の能力を「未来進行形」でとらえる能力をもつことを開発者に要求し、そのようなことができる人に育てあげようと努めています。非常に難しい言葉で表現してしまいましたが、今までの経験からそのように感じています。つまり、今できることを実現することは当たり前なのですが、現時点では技術が伴わない、今できないものをなんとしても成し遂げようとしますと、そのようなことが必要になってくると思うのです。

振り返ってみれば、一九五九年に会社をつくったときは、お得意先を回ってもなかなか注文をいただけませんでした。注文がなければ会社はつぶれてしまいます。また若さもあったせいか、お客様のところを訪れたときに、生意気にも「現在のセラミック業界で、他の会社にできないものがあれば、それをうちに注文してくださいい」と言って歩きました。今使っているものをつくらせてくださいと言ったところで、無名の会社に注文を出す必要はないでしょうし、今までに発注していたところのほうが安全で安く済むはずです。ですから、先発メーカーができずに断っている注文を、「うちはできます」と言って、もらったわけです。

そのように言うと、お客様は「では、やってみてください」と言って注文をくださるのですが、寸法精度が一〇〇分の二〜三ミリで、かつ当時としては複雑な形状でとうていできそうもないものばかりでした。その上、原価計算も知らずに安い値段で、短納期で仕上げると言ってしまったものですから、そのとおりにやらなければならないことになりました。しかし言ってしまった手前もありますから、私は仲間と毎日、夜遅くまでがんばりました。そのようなことの連続でした。

注文をとるときは、できないことを「できる」と言ったので、いわばうそを言ったわけです。ですが社員には、期限までに納品すれば、人をだましたわけではないと話していました。それでも「それはインチキではないか」と言う社員には、「期限までに納入できなければ確かにうそになる。だが言ったことを実現できるのであれば、『うそも方便』で許される」と言い、私の考えを理解してもらいました。「うそ」を並べて注文をとり、実際期限どおりに納品する。そうして、「このとおり、うちにできないことはありません」と言えるよう努力をする。そうしたことを続けていく間に、今の自分にはできそうもないことであっても、未来のある一点における自分の能力を見抜くことができれば、成功させることができると気がつきました。これは、その後の技術開発において非常に役立ったと思います。

誰にも負けない、すばらしい技術開発をする

私どもは技術開発のテーマを選ぶ際、すべてと言ってもいいほどマーケットのニーズをとらえた上で決めてきました。私をはじめとするすべての関係者が市場に出かけていき、市場がどのようなものを要求するかというニーズを肌でじかにとらえてきました。これは原始的ではあるものの、最も確実な方法でした。しかし現在では、「製造技術を含む、自分たちの高度な技術は、総合的に応用すると、どのようなマーケットにつながるのか」という、逆の発想をしています。

例えば、私どものセラミック材料には、酸化物はもとより、窒化物や炭化物などの非酸化物、さらには金属または有機材料との複合材料など、それこそ無数の種類

があります。成形方法にも、押し出しやドライプレス、アイソスタティックプレス、インジェクション、テープ、ホットプレスなどがあり、その他にもいろいろな方法があります。さらに、加工技術についても、真空焼成、ガス雰囲気焼成、焼成品の精密研削、ラッピング、ポリシング、金属との気密接着のメタライジングなど非常に多くの技術が用いられています。これらの材料と技術を、二種類、三種類、四種類とランダムに組み合わせた場合には、非常に多くの新製品が誕生する可能性があるのです。そのように単純に組み合わせるだけでも、いろいろな可能性が出てくると考えています。

　また、これとは別の問題になりますが、開発テーマを決める場合には、必ず自分たちがもつ技術の延長線上で考えるのがよいと思います。決して飛び石は打たず、自分たちがもつ技術の特徴を最も強く打ち出せるような開発テーマにすることが必要だと思います。飛び石を打っても、途中を切られるとその石は死んでしまいます。ですから、必ず自分たちのもつ技術の延長線上でとらえ、しかもその一番の強みを生かせるように考える。何も難しいだけの開発テーマを選ばなければならない、ということではありません。

小さな工場から始まった一七年前の創業以来、自分で受注と製造を担当する中で、私は「一度目指したものは絶対にやり遂げる」という、熱意では誰にも負けないという自信をもち、自分で成形法を考え出しました。そうして、粉体を成形してセラミックスにすることに関しては、誰にも負けないと思うようになりました。そこまでいくと、粉体を均一にして形をつくる技術だけでも、磨き上げればいろいろな応用ができることがわかりました。

技術者が自分の技術を使って新しい仕事をする場合には、その技術はレベルの低いものなのか、それとも国際的なレベルでも十分に通用するものなのか、ということを考えなければなりません。もちろん、国際的に通用するレベルまで上げるよう努めなければなりません。

先ほど、新しいセラミック材料の開発に携わることは非常に幸せだと申しました。材料メーカーは日陰者で、派手な成果は完成品であるコンシューマ向け製品をつくるメーカーにとられてしまいます。しかし私どもには、材料メーカーであるが故の大きな喜びもあります。まずセラミック材料という夢多き材料を開発できる恵まれた立場にいることです。同時に、多くの材料を手がけることで材料に関する知識が蓄積され、応用できるという立場にもあります。

最終製品をつくるメーカーの間では、垂直統合、つまり自社で素材から最終製品まで一貫して製造することに取り組んでいると聞いています。ですが、われわれ材料メーカーにもそのようなことができる可能性があります。材料メーカーですから、当然個々の材料は開発できますし、社内に有する多様な材料と技術を組み合わせていけば、材料メーカーでなければできない、ユニークですばらしい最終製品ができるのではないでしょうか。

そのような、すばらしい垂直統合の可能性を最も多くもつのが、最も地味だと言われる材料メーカーではないかとすら思います。材料メーカーは、ものづくりの最も基本となる材料の技術の上に、着実に積み上げた垂直統合ができるはずです。また、そうした可能性があることを考慮した上で、開発テーマを打ち出せると考えています。

今後の日本を考えると、従来のように技術導入に依存するという考え方は変えなくてはならないと思います。セラミック材料に携わる者として、日本国民のためにも、世界の科学技術の進歩のためにも、今後も新しくユニークな技術開発を行わなければならないと思います。

また、そのようなことを思うにつけ、日本人というのはどうして、これほどまでに開発目標の設定が下手なのかと感じます。開発目標が決まったとき、その目標を達成する能力は非常に優れてはいますが、開発目標そのものを設定することに関しては、非常に下手だと思います。欧米人との発想の違い、言葉の表現力の違い、日常の考え方の違いなど、いろいろな原因があると思います。今後は新しい技術の開発を進めると同時に、そもそものように開発をしなければならないのかという、目標設定にもいっそうの努力を払わなければならないと思います。

今後とも研究開発に邁進していこうと思いますが、誰にもできないすばらしい技術開発を行うために、皆さんのお知恵を拝借し、ご協力を仰ぎたいと思っています。以上で終わらせていただきます。ありがとうございました。

要点

技術開発の成果は、どのようにして現れるのか。まず「知識」が大切だが、「能力」も重要だ。さらに、その人のもつ「考え方」も重要だ。技術開発の成果は、これら三つのファクターが足し算された和ではなく、掛け算された積として現れる。

◉

「知識」を多くもち、高い「能力」をもっている人は優れた技術開発ができると思われがちだが、そうではない。学問的な「知識」に非常に優れ、頭脳明晰で非常に高い「能力」をもっていれば、その積は非常に大きくなる。しかし技術開発を進めていく「考え方」がネガティブなものであれば、掛け算の結果はマイナスになり、いくらがんばっても立派な成果は上がらない。

一番大切なことは、技術開発をする動機づけだ。技術開発の動機が個人の利益や興味に起因するものであると、目的を達成した後は技術開発のスピードが落ちる。そのため、できれば個人に起因するものではなく、もう少し高い次元の動機づけが必要だ。その人にとって生きがいになるような動機づけであれば、すばらしい。

技術開発を志す者は、自分が開発しようとしているテーマをすばらしいと感じなければならない。好きであれば、たとえ夜中であろうと熱意をもって取り組む。「惚れて通えば千里も一里」と言われるように、まずは自分の仕事に惚れ込むことが、技術開発を進めていく上で非常に大切なことだ。

次に大事なことは、技術開発のテーマを決めた後は、「このテーマはこの点が非常に難しい」といったネガティブな考え方をしないことだ。テーマを何にするか検討している段階では、確かにネガティブな側面は十分に検討しなければならない。しかしテーマを決め開発を進める段階に至れば、ネガティブな考え方はすべて放り出してしまうことだ。

◉

自分自身に対して厳しく追及できる人でなければ、技術開発の成功はおぼつかない。自分一人で研究をしているとひとりよがりになり、自分の技術開発がよく見えてくる。気に入らない結果が出てくると、自分に都合のいいように解釈してしまうことすらある。自分自身に対して厳しく追及できるようになるため、素直な心をもたなければならない。円満な人間性に基づく考え方をもっていなければならない。

◉

技術開発は一朝一夕には進まない。「たゆまぬ努力が偉大なことを成しうる」という強い信念をもち続け、たとえ何年もの長い時間がかかっても、孤独に耐えながら開発を続ける。無限の可能性を信じることと、一歩一歩地道な努力を行うことが、すばらしい成果を生む。

◉

狙った獲物は必ず仕留めるという狩人のような執念が、技術開発には必要だ。功を焦ってはならない。地味な努力を続けることで、すばらしい結果が舞い降りる。

◉

創造的なアイデアは、漫然と求めていても出てこない。問題に直面するたびに苦しみ抜くことが必要だ。悩み苦しむ中で、問題がその人の潜在意識の中にまで浸透していき、ある瞬間、他のことを考えていても、潜在意識下にはその問題があるという状態になる。潜在意識下に浸透するほど、壮烈なまでに取り組む状態が、新しいクリエイティブなアイデアを生む。

頭も肉体も疲れきってしまったときには、心の余裕をもつことも必要なことだ。仕事が修羅場のような状態になっているときには、心に余裕がある時間をもてるのともてないのとでは、大きな違いが生まれる。仕事を終えて家に帰ると、ふと新たなアイデアが浮かぶことがある。わずかな環境の変化で、本来ならば浮かぶはずのないアイデアが、突然浮かんでくるのだ。

◉

企業にとって非常に重要なことは、技術開発をするタイミングだ。完成が数ヵ月あるいは一年遅れたために、まったく価値がなくなってしまう技術もある。開発のタイミングが非常に難しいことは大学や研究所でも同じだが、企業においては死活問題にすらなる。

技術開発のリーダーには、未来のある一点までに、現在の自分およびグループの能力を、そのテーマに対応できるまで高められるか否か、予測する能力が求められる。現時点での実力で開発の成否を判断することは誰にでもできる。そうではなく、今はどうあがいてもできそうもないテーマをあえて選び、未来のある一点において完成させることを決める。リーダーは、自分ならびにグループの能力を、将来のある時点においてどのように発展させるか、構想できなければならない。

開発テーマを決める場合には、必ず自分たちがもつ技術の延長線上で考える。決して飛び石は打たず、自分たちがもつ技術の特徴を最も強く打ち出せるような開発テーマにする。飛び石を打っても、途中を切られるとその石は死んでしまう。そのため必ず自分たちのもつ技術の延長線上でとらえ、しかもその一番の強みを生かせるように考える。

◉

自分の技術を使って新しい仕事をする場合には、その技術はレベルの低いものなのか、それとも国際的なレベルでも十分に通用するものなのか、把握しなければならない。もちろん、国際的に通用するレベルまで上げるよう努めなければならない。

KAZUO INAMORI LECTURES

研究開発を成功に導く考え方と手法

マネージメントセンターでの講演——一九七七年二月一七日

背景

稲盛は講演の中で、京都セラミックは自社技術の延長線上で研究開発テーマをとらえていると述べ、そのメリット・デメリットについて説明した。そして、研究開発を成功させるために必要な環境や、リーダーの資質に関する意見を述べている。

研究開発テーマは、自社技術の延長線上で

今日のテーマは「研究開発を成功に導くための考え方と手法」ですが、われわれには一つのパターンがあります。それは、われわれがもっている自社技術の延長線上で、研究開発テーマをとらえるということです。

会社をつくりましてから約一〇年間は、客先をひたすら訪問して、われわれがつくっているセラミックスにはどのようなマーケットニーズがあるかを伺うという、どちらかといえば技術屋の御用聞きのようなことをしていました。「このようなものができれば、こうした用途に使えるのだが」といった、客先のご要望を満たした製品をつくり続けてきました。

御用聞きが一段落してきました現在、われわれがこの一八年間に開発してきたセラミック材料は、金属酸化物、シリコンナイトライド、シリコンカーバイドなどを

含め、約五〇種類に及んでいます。もっと細かく分類しますと、一〇〇種類ほどになると思います。そうしたセラミック材料をつくっていくには、皆さんもご承知のとおり、粉体のプレパレーション（混合）が必要ですが、これにはドライヤーやミキサーなど、いろいろなものを使います。また、それを成形する方法にしても、押し出してつくる方法や、乾いた粉末をドライプレスで押す方法もあります。他にも、プラスチックで使われているインジェクション・モールディング（射出成形）の方法や、一般にラバープレスと言われるコールドアイソスタティックプレスで成形するものもあり、焼結工程を省いたホットプレスという方法もあります。

そのようにして成形したものを焼結させる炉についても、従来のガス炉もあれば、電気炉もあります。電気炉には真空のものもあれば、いろいろなガス体で中を充満させて、雰囲気を変えて焼いていくものもあります。でき上がったセラミックスを精密に加工する段階では、アルミナセラミックスのような非常に硬いものを二次加工する技術もあります。

このような、われわれがもっている約一〇〇種類のセラミック材料と、それらをつくる過程においてわれわれが開発した独自の製造技術の中から、どれかを使います。われわれが最も得意とする材料もしくは技術、またその二つを組み合わせたものでも構わないのですが、われわれがもつ特徴的な材料や技術の延長線上にあるものから、研究開発テーマを選んでいるのが現状です。

このやり方は、研究開発テーマを選ぶ上で一般に言われていることとは、まったく逆行していると思います。しかしわれわれは、マーケットを無視するわけではありませんが、自分たちがもっている優秀な材料や技術を使ってマーケットを見出していくという、ひと昔前の開発に近い方法を採用しています。

一方、われわれが主に研究開発に取り組んできましたのは電子工業界ですから、「現在の電子工業界のマーケットにはないけれども、このようなものがあれば非常に都合がいいのだが」というような、マーケットニーズをとらえて、製品を開発することも、引き続き行っています。その場合には、いわゆるマーケット・オリエンテッドな研究開発テーマの選び方となるわけですが、その方法も用いた上で、どちらかといえば、われわれがもっている技術の延長線上で考える方法を用いています。

この方法でいく場合、技術開発の方向は自分がもっている技術の延長線上になりますから、技術開発は楽になります。ただし、その一方、マーケットに製品を売り出していくという、いわゆるマーケット・クリエイションの段階になってきますと、非常に多くの困難を伴います。われわれはそれを承知の上で、この方法を採用していいます。マーケット・クリエイションと、技術開発や研究を新しく行って製品をクリエイトすることには、それぞれいい面と悪い面があります。それらをよく検討した上で、われわれは先ほど申し上げた方法を選択しています。

技術開発は、飛び石を打たない

われわれが技術オリエンテッドな開発方法を採用した理由をお話しします。技術開発を進めていかれる、われわれの先輩会社の様子を見ていますと、自分のもっている技術の延長線上にないもので、碁で言うところのいわゆる飛び石を打たれて、新製品がある程度当たって成功されることがあります。しかし、その製品のサイクルが非常に短く、外部環境の変化に対応できないと、後続する製品の開発ができないのです。偶然優秀な技術者を見つけて、その人の技術を使った製品を出していったとしても、その後が続かないために、一時的には非常に成功したように見えて、一〇年や一五年というスパンでとらえると大失敗だったというケースがよくあります。

一方、どのような変化が起こっても、自分の得意な技術の延長線上にあるものであれば、アプリケーション（応用）が利きます。それがもし失敗であっても、ただちにその転換を図ることができます。私は碁を打ちませんが、経営において飛び石を打つのは怖いものですから、必ず技術をつなげて製品を開発していきます。展開が非常に遅いように見えますが、そのほうが手堅いのです。

飛び石のような製品を世に出し、それが少しでも成功すると、多くの会社は相当な資金と労力をつぎ込んでいきます。しかし、それがもし時代の変化に対応しきれなくなった場合、すでに多くの資金と労力をつぎ込んでいますから、非常に大きな痛手を被ることになります。だから、私は飛び石を打たないわけです。

私自身がもっている怖がりな性格から、現在の主流である開発の手法とはまったく逆のことをしており、皆さんからは厳しい反論もあるだろうと思います。しかし、これは私自身の性格からくるものである以上、仕方がないと思っています。

必要なのは技術の「強さ」

この方法を用いる中で一番重視しているのは、選ぶ技術の「強さ」です。われわれの場合、自分たちが開発した材料と、それを使った製造技術の延長線上にあるものの「強さ」について、研究を担当する者と常にディスカッションしています。

柔道に喩《たと》えれば、自分の得意技が一本背負いだとしますと、他の多彩な技も磨くのではなく、一本背負いだけをしきりに練習することになります。問題は、それが地方大会でしか通用しないのか、全国大会までなら通用するのか、それとも世界大会でも通用するのか、ということです。

ばかの一つ覚えのように一本背負いを使いますから、相手もこちらのやり方を心得ており、その一本背負いを防ぐ方法を必ず考えてきます。しかし、磨き抜かれた一本背負いであれば、畳に膝をついてでもかけられます。必ず自分の有利な状況へ持ち込んで得意技をかけることしか、われわれにはありません。われわれには経験も資本もありませんし、スタッフもそうたくさんいるわけではありません。ですから、自分が最も得意とする技を世界に通用するようなレベルにまで磨いて、その技一本で勝負をかけていくように、研究開発テーマを選んでいます。

そのような方針をとっていますので、ともすればマーケットニーズから離れた、自分たちの得意とする技だけで開発テーマを選ぶ傾向が非常に強いのです。その点では非常に苦労をしています。マーケットニーズをとらえて開発していくことからますます離れ、ひと昔前の偏屈な技術屋による開発テーマの選び方になっているような気がします。

マーケット創造に苦労する

その典型的な例があります。われわれが今一番多くつくっているのは、酸化アルミニウムを主体にしたアルミナセラミックスです。この酸化アルミニウムの粉末を原料として、セラミックスのシートをつくっています。

これは有機溶剤や有機バインダーなどを使って、セラミックスの原料をシート状に成形します。これをロールで巻き取りますと、ちょうど皆さんが食べるチューインガムのようなものができます。それをカットペーパーのようにスリッターで一定の幅に切り、自動のパンチングマシンでいろいろな形状にパンチングしていきます。

生のセラミックスですから、非常にフレキシブルな板です。これにいわゆるリフラクトリーメタル（耐熱性金属）という、モリブデンやタングステンなどの粉末でできたペーストを、そのシート状のセラミックスの上に、オートマティックに印刷します。グリーンシートというセラミックスのシートの上にパターンをつくるのですが、それが電子回路の導体になります。その上に同じセラミックシートを重ねます。セラミックシートには穴が多く開いており、その穴を通してラミネート（積層）されたシート上の回路を電気が走るという仕組みになっています。

重ねるシートは、最大では一八層から二〇層になります。それを特殊な雰囲気の炉で、一七〇〇～一八〇〇度という非常に高い温度で焼くと、電気伝導体を内蔵したモノリシックな（一枚板の）セラミックスができ上がります。

ここまでくると、積層にしてあることはまったくわからなくなっています。焼きあがると完全に一体化されてしまいます。この非常に高純度のアルミナセラミックスの中に電気回路が入っているものを、われわれが開発して売っていくうちに、電子工業関係で非常に多く使われていき、今日のわれわれの売上の大半を占めるようになりました。

積層するのではなく、回路パターンの上に酸化アルミニウムの粉末を薄くペーストとして、完全にコーティングをする方法もあります。これは電気を通し、非常に低い抵抗をもっています。量産していく間に、「ひょっとすれば、これは抵抗ヒーターになるかもしれない」と思ったので、つくってみました。使っているのはタングステンの粉末ですから、焼結はしていますが、粒子間の結合が若干弱いのです。通電をすると抵抗がぐんぐん上がっていきますから、ある程度までは急激に温度が上がりますが、後はサチュレイト（頭打ち）します。抵抗や厚みなどをいろいろ変えてみると、最高温度を調整でき、温度上昇も非常に早く、かつ温度をフラットにキープできるヒーターがつくれることに気がつき、「これは売れるぞ」と思い、開発陣にヒーターの開発をするように指示をしました。

先ほど言いましたように、われわれは技術オリエンテッドな開発をしていますから、「できた後は、何に使ってもらおうか」と考えました。その結果、「中はタングステンで、非常に酸化がしやすいメタルですが、腐食にはたいへん強く、気密性の非常に高いセラミックスでコーティングされています。温度を上げてもなかなか酸化しにくいので、非常に寿命も長いはずです」という謳い文句を考えて、どこへ使ってもらえばいいかを検討しながら、マーケティングの担当者が客先を訪問して回りました。しかし、なかなか使ってもらえませんでした。

そこで、「ハンダごてに使ったらどうか。ハンダごてには電気ヒーターが使われるので、非常にいいかもしれない」と思い、ハンダごてのメーカーにもって行きました。しかし、温度が上がり過ぎたり、温度の上下変化が非常に大きかったりして、クラックが入るなどの問題が発生し、頭を悩ませました。最近になり、ある自動車の部品にもわれわれのヒーターが使われるようになり、ようやく世の中で認知されてきました。

開発についてはわれわれがもっている技術の延長線上で考えればいいので、簡単に思いつきでいけたのですが、製品をつくってからマーケット・クリエイションを行うのに、三〜四年もかかりました。今お話ししたのは、マーケットをクリエイトするのに研究開発と同じぐらいの時間を要したという卑近な例です。

市場が存在しなければ、自分でつくればいい

皆さんはご存じかと思いますが、セラミックスを研究しているわれわれにとっては、主に金属酸化物などで構成される、いわゆる鉱物結晶が研究のベースになります。最近はエメラルドなどの宝石が非常に払底してしまい、非常に粗悪な石が高い値段で売られています。そのような現状を見て、「うちの技術を使って、エメラルドをつくればいいのではないか」と思いました。単結晶をつくる技術には、今わかっているだけでも五つの技術がありますが、そのうち最も有効な三つの技術を同時に使えば、立派なエメラルドをつくることができます。天然のエメラルドの品質がとても悪くなって、値段が非常に高騰しているだけに、多くの人に喜んでもらえるだろうと考え、七年前から研究を始めました。

しかし、なかなか結晶が成長せず、成長しても中にインクルージョン（不純物）

が多く入ってきて、宝石になりません。いろいろな方法を試してもうまくいかず、途中で何回も「こんな道楽のようなことはやめよう」と思いました。しかし、「せっかく結晶技術をもっているのに、あきらめるのはもったいない。もう少しだけやってみよう」と思い直し、研究を続けてきました。

そして一昨年に、ようやく非常に美しいエメラルドができました。現在では最大で三カラットのものをつくれます。これは数ヵ月のうちに一個か二個しかできません。ところが、喜び勇んで宝石店へもって行ったところ、総スカンを食らいました。「ガラスに色がついたイミテーションなら、まだかわいげがあるけれども、本物と同じようなものを勝手につくられたのでは、業界が混乱をする」と言われて、まったく見向きもされませんでした。「安くつくれれば喜んでもらえるだろう」という単純な発想が、ものの見事にうまくいかなかったわけです。

私は技術屋として会社をつくってから、今日までずっと、「これをやったらうまくいく」という確信をもって開発に取り組めたわけではありません。この一八年間は、成功するかもわからない開発に明け暮れる毎日でした。技術開発も自分で担当しましたし、マーケットの創造も自分で行ってきました。自分がマーケットニーズをとらえて開発したのではなく、自分の得意技だけを使ってマーケットを無視した結果、製品が売れなかったので、「それならば、マーケット・クリエイションも技術開発や研究開発と同じはずなのだから、今度は自分でマーケットをつくろう。マーケットが存在しなければ、自分でマーケットをつくればいいではないか」と思ったのです。

ですから、エメラルドについても、「ナチュラルジュエリー（天然宝石）と、イミテーションジュエリー（人工宝石）という二つのカテゴリーがあるならば、その間にクリエイテッドジュエリー、またはシンセティックジュエリー（合成宝石）のカテゴリーをつくろう」と考えたわけです。そうしたものは、ルビーやサファイアなど、実はすでに過去にありました。しかし、これらはイミテーションに近いような値崩れをして、どうにもならない状況になっています。そこで、「天然と同じ化学成分の結晶をもったものを、このマーケットの中で認知させよう。そのためにはどのような戦略を組めばよいか」と考え、技術開発とまったく同じような手法で、現在チャレンジをしています。

研究開発や技術開発と同じように、マーケット・クリエイションそのものも新しいものへのチャレンジであり、新しいことの創造という点でも、これらはまったく同質のものだと思っています。ただし、技術オリエンテッドな開発テーマの選び方をしているために、たいへんな苦労をしているのが現状です。

しかし、現在でもわれわれのやり方が間違っているとは思っていません。やはり、今のやり方を続けていくつもりです。一般的には、もしマーケティングの力が非常に弱い場合には、九九%の人がギブアップするだろうと思います。われわれのエメラルドを扱うにしても、自分の技術オリエンテッドな開発に七、八年もお金を費やして取り組んでいっても、ものの見事に失敗し、結局商売にならないでしょう。しかし、われわれはギブアップせず、今もマーケット・クリエイションを必死に行っています。

先ほども申しましたが、私は研究開発とマーケットの開拓とはまったく同じだと思っています。その前例が、養殖真珠をつくられた御木本幸吉《みきもとこうきち》さんです。当時は、おそらく天然真珠が全盛の時代だったでしょうし、その中で養殖真珠を世間に認知させるには相当時間もかかり、多くの妨害もあったはずです。けれども、御木本さんが「できる」と強く信じ込んだからこそ、養殖真珠を認知させることができたと思っています。ですから、研究開発をする場合でも、マーケット・クリエイションを行う場合でも、やはりある種の「狂」の状態のようなものがないと、私はどちらも決して成功しないのではないかと思っています。

材料・技術・部品の織り成す可能性

われわれは現在、材料開発を行っていますが、まだまだこれを続けていくつもりです。われわれが材料から部品まで幅広く手がけていますので、「京都セラミックは、いずれ完成品をつくるのではないか」というご質問が、よくお客様や外部の方から寄せられます。しかし、われわれは現在のところ、最終製品をつくるつもりはありません。われわれがもっている技術を使って、今後しばらくは材料開発を行っていき、もっと豊富な材料を開発していきたいと思っています。

そして、われわれが手がけている材料と部品、部品をつくる過程で手に入れたユニーク（独自）なテクノロジーの組み合わせを進めていきたいと思っています。今年は、研究開発テーマのとらえ方を考えるスタッフを集めて、社内に作戦を立てる参謀本部のようなものをつくる予定です。この本部の中で、「われわれがもっている技術に、この材料を組み合わせた場合は、どのようなものができる可能性があるだろうか」「この材料に、この部品とこの技術を組み合わせた場合は、どのような可能性があるだろうか」ということを、われわれがもっている技術の延長線上で検討していこうと考えています。

現在、非常に特徴のある材料が開発されつつあります。そうした材料を使えば、材料メーカーであるわれわれならではの新しい製品ができると考えています。「材料と技術と部品の組み合わせによって、どのような可能性が生まれるのか」「その可能性はどのマーケットにアプローチすれば受け入れてくれるか」というようなことを考えながら、研究開発テーマを選んでいきます。

これが当社の主流ですが、マーケットが要求しているものを吸収して製品をつくることも、もちろん行っています。マーケットのニーズをとらえていけば、自社技術の延長線上で考えるよりも多くのニーズがあるはずです。われわれはそうしたもののもっと手がけたいのですが、その場合にはどうしても飛び石の経営になってくるので、どれか一つの石を切られると、他の石も全部死んでしまう危険性がありります。ただし、日本の企業間において、最近では技術者の流動性がいくらか高まってきていますので、適当な人材が社内にいない場合には、マーケットニーズによっては新たに人を採用し、飛び石の開発をすることはあります。

お客様にとって付加価値の高い製品をつくる

もう一つお話ししたいことがあります。皆さんは大企業にお勤めの方が多いので、大きなプロジェクトを手がけておられると思います。われわれは非常に小粒な開発しかできていないのですが、昔から開発を行う中で、高い付加価値をもったものをつくろうとしています。現在のオイルショックによって広まった「省資源」という言葉がありますが、われわれの場合には企業規模が小さかったものですから、使えるお金が少なかったこともあり、必然的に省資源型の製品をつくらざるをえませんでした。会社ができた瞬間から、そういう宿命を背負わされていましたので、省資源型の製品づくりを現在も続けているのですが、少ない材料でどれだけ高い価値を生み出せるかということが、われわれが研究開発のテーマを選ぶ上での最大の目標になっています。

その付加価値について、われわれには独自のとらえ方があります。それは、一般の技術者の方が考えておられるようなものではありません。一般には、つくる側が「これは非常に高い価値があるものだ」と考えがちですが、それがどの程度の価値をもっているかは、バイヤーサイドが決めるものです。ですから、われわれが研究開発した製品をお客様が採用され、その結果としてお客様が非常に喜んでくださる場合、つまり、お客様が使うことで製品の価値が高まる場合、われわれはその製品に付加価値があると言っています。

少ない材料を使って、なるべく高く売れる製品をつくるのが望ましいのですが、高く売れると言っても、お客様が無理をして買ってくださっているようではいけません。お客様がその値段を適正だと思って買われ、それを使った製品を売ることで大きな利益を上げられ、非常に喜ばれるようなものをつくるべきだと思っています。研究開発テーマを選ぶ場合には、特にそうしたことを社内で検討していきます。

開発した製品の中には、いわゆるブラックボックスのような未知の部分が必ずあります。すでに広く一般に知れ渡ったものを組み合わせただけで、何も新しいところがない製品をつくったのではいけないと思っています。既存のものを使った場合でも、未知の部分の相乗効果で、われわれはまったく新しい特徴をもったものをつくることができます。

われわれがつくっているものの中には、特殊なテクノロジーとでもいうようなものが、必ず入っています。そうしたものは、外部からはうかがい知ることはできません。職人の場合でもそうだと思いますが、「あの味がどうしても出せない。どのようにして出しているのだろうか」というブラックボックスのようなものが存在しなければ、製品開発をする値打ちがないと考えています。そうでなければ、つくった瞬間にすぐ他社にまねられてしまうし、たちまちに付加価値が小さくなっていくからです。

世の中がオイルショックの影響で低成長時代を迎え、非常に大きく変化をしています。そのような中で、私は社内で「今こそわれわれの時代ではないだろうか」と言っています。この一八年間、毎日が開発で明け暮れてきました。われわれは、単一製品を大量生産して売上を最大にする形で発展してきたわけではなく、常に開発テーマを探して、開発した製品をマーケットに流していくことを繰り返してきました。今日のような低成長時代になってくると、新製品を開発する能力の有無によって、企業間の格差が非常に大きくついていくでしょう。まさに今こそ、われわれが今日までやってきたことが、いよいよ生きてくるときではないだろうかと思っています。特に技術陣に対しては、非常に夢と希望のある時代が来たと思っていますので、「われわれの技術開発にはすばらしい未来とロマンがある。だから全員で力を合わせてがんばろう」と言って激励しています。

開発テーマよりも、プロジェクトリーダー不足

最近になり、われわれの会社も年商四〇〇億円を超える規模になってきましたが、そのことで今、私が一番悩んでいる問題があります。今までは規模の小さい開発を行っていても、当社の発展につながってきたわけですが、四〇〇億円以上の年商になってきますと、規模の小さい開発テーマに少々取り組んでいたのでは、会社の業績に大きく寄与しないのです。

今までつくっていた製品のサイクルが短くなっており、中には消えていくものもあります。ですから、売上が減少するところを新製品でカバーし、ましてや売上を伸ばしていくとなると、相当な開発スピードを要求されることになります。昔は月

産一〇〇〇～二〇〇〇万円のテーマでも、開発すれば飛び上がって喜んだものですが、今となってはその程度の規模では焼け石に水であり、非常に苦慮しています。しかし、われわれの頭脳では他社が耳を疑うような大型プロジェクトができるわけではありません。資金的にも非常に問題があります。

結局、開発テーマも規模の小さいものしか思いつかず、どうしても小さいプロジェクトになってしまいます。プロジェクトの規模が月産一〇〇〇～二〇〇〇万円程度のものですと、それを一〇並べても月産一～二億円程度にしかなりません。月産一〇〇〇～二〇〇〇万円になる新製品も、月産一〇億円の製品に育つものも、開発する努力においては、実は同じです。

しかし、そうした大きな売上が立つ製品を開発できるメンバーは、われわれの中にはそう多くはいません。開発は、頭がよければ誰でもできるというものではありません。特殊な才能をもった人間を、一〇人必要なら一〇人集めるというのは、社内ではなかなかできないのです。

そういうわけで、小さい規模の開発テーマしか選択できないのが現実です。もちろん、大きいものを狙おうとは思っていますが、なかなかいいテーマがないのでジレンマに陥っています。ないものを狙っていても仕方がありませんので、現在では同時に一〇から二〇の小さい規模の開発テーマを決めて、開発を進めさせています。

これは研究所だけで行っていることではありません。われわれは各事業部の中に技術開発部門を設けており、経費の範囲内で開発を行わせています。研究所ではもっと基礎的な材料の研究のみを行わせており、応用研究については、各事業部の技術開発部門に開発を行わせる体制をとっています。

これは現在の私の心境なのですが、昨年までの電子工業界は、特に部品業界は年初からたいへんなブームだったように思います。カラーテレビやCBトランシーバーの売れ行きが好調で、オイルショック後の大不況が忘れられたかのように、大きな需要がありました。ところが、昨年の九月頃をピークに、本年に入っても横ばい、もしくは緩やかな下降線をたどっています。その中で、電子工業関係の新製品が次から次へと開発され、今まで売れていたものでも売れなくなっていき、われわれは製品の開発に追いまくられています。しかし、先ほども申しましたように、選ぶテーマも小粒のものでしかなく、さらに、そうしたテーマを数多くこなす上で、それを推進できるプロジェクトリーダーが不足しており、非常に悩んでいます。

テーマを担当する人材の不足については悩んでいますが、規模の小さいものを含めますと、研究開発テーマをとらえること自体については、今日までそれほど困っていません。「どのような研究開発を行えばいいのだろう、何かいいテーマはないだろうか」というような話を聞くことがよくあるのですが、われわれの場合には開発テーマを選ぶこと自体に苦労したことはありません。それは、置かれた立場が楽なものであるからなのかもしれません。われわれは最も基礎的な材料開発という分野にいますので、いろいろな応用が利くことがあるのも原因だと思います。その点では、開発テーマは無限にあると思っています。しかしそれは、マーケットを無視した開発をするからなのかもしれません。そうした点もあり、開発テーマの規模と、大きな開発テーマを任せられる人材に困っているのかもしれません。

研究開発リーダーに求められる人間性

私がもう一つ非常に困っているのは、研究開発を進めていく上での人の組み合わせです。「この研究であれば、彼が適任ではないだろうか」と考え、その人をリーダーにしてプロジェクトを組みます。その際に、技術的な能力以上に、リーダーのもつ人間性が研究開発の成否を決めていくような気がします。

高度な技術や優れた能力を多くもち、研究開発に対する旺盛な意欲ももっており、自分の研究プロセスを冷静かつ非常に厳しく見つめられる人、そしてときには研究を行う自分自身を非常に厳しく追及することができる人でなければ、やはり期待したような研究はできないような気がします。自分の研究には愛着が湧いてきますから、ともすれば、自分の研究のプロセスを正当化しがちな甘い人では、優れた研究はできないように思っています。

新製品の営業担当者には兼任させない

同時に、研究成果をプロダクション（製造部門）に移す場合でも、私は難しい問題があるように思います。さらに、それをマーケットへ導入していく場合も、同程度の困難さがあるような気がしています。

われわれの場合には、研究開発を担当するメンバーは、そのままプロダクションに入っていきます。プロダクションに入ったメンバーは、セールスにまで入っていきます。新製品の営業については、従来の製品を売っている者には兼任させません。どんなに売上の少ない、例えば月に五〇万円しか売れない製品であっても、営業は専属の人間に担当させて、「これを売らなければ食べていけないのだ」という、自分が置かれた物理的条件をよく認識した上で営業を行うようにさせています。

よく、新製品を次々につくり、従来の営業ラインの中へ流していっても、なかなか売上が伸びていかないことがあります。既存の製品が売れていますので、営業担当はお客様のところに行っても、新製品の話を軽くするだけで、要求があれば売りはしますが、必死で売ろうという気持ちになっていないのです。そうならないために、われわれは採算が合わない場合であっても、新製品については営業も製造も従来のラインからすべて切り離した状態にしています。

私を含めた八人で会社をつくり、今日のようになりましたが、これまでの過程がベンチャービジネスそのものであったために、現在もいわゆるインハウス（企業内）ベンチャービジネスを行わせています。

先ほど、各事業部の中で経費の範囲内で研究開発を行わせていると言いましたが、それが大きなプロジェクトになってきますと、各事業部からメンバーを出し、プロジェクトチームをつくります。その瞬間からプロジェクトに新しい名前をつけて、事業部も設けます。もちろん、役員で事業部長を務めている者もいますが、それまでは係長や班長を務めていた者で、プロジェクトができたことで、現在事業部長という肩書きの者もいます。一つのユニットとして研究開発を進めていくものを、われわれは事業部と呼んでいます。別会社と同じように、営業部門までもつような体制にした上で、広く裁量を与えて研究開発を進めています。

自らをハングリーな状況に置く

われわれは、これをインハウスベンチャービジネスとして行っているのですが、それでも問題があると思っています。それは、本社のほうで資金の面倒を全部見るので、事業部は資金の心配をする必要がないということです。

われわれが会社をつくったときには、資本金三〇〇万円、外部からの借入一〇〇〇万円、あわせて一三〇〇万円のお金で、ぎりぎりの状態でここまで来たのですが、このインハウスベンチャービジネスは、資金的に追い詰められた状態ではありません。研究開発を進める間に新しい機械が必要になれば、買ってもらえるわけですから、その点ではインディペンデントな（独立した）ベンチャービジネスとは若干違うのです。そして、それが非常に大きな問題だと感じています。

研究開発をどうしてもやり遂げるためには、リーダーがもつ意欲、熱意、情熱といったものが大事ですが、それをさらに高めていくには、やはり物理的な環境条件というものも必要だと思います。研究開発を進めていきますと、いろいろなバリアに遭遇します。バリアに頭を打ちつけたら、いろいろな人に知恵を貸してもらったり、意見を聞いたりするのですが、そのバリアを乗り越えていくのは、結局はリーダーがもっている情熱やエネルギーだと思っています。

これはまったく非科学的なのですが、物理のエネルギー法則と同じように、リーダーとその集団が開発テーマに注ぐ情熱やエネルギーの量と、バリアの高さとが同じになる必要があると考えています。つまり、すさまじいエネルギーや情熱を注ぐことにおいてしか、そのバリアを越えられないということです。

私の経験では、一つのテーマに取り組む場合には、およそ四、五回は「もう越えられない」と思うようなバリアに遭遇しますから、肉体的にも精神的にも非常に消耗します。ですから、研究開発に対する情熱を人一倍もった人間をリーダーにしなければならないのですが、それをさらに掻き立てる条件は外部環境だろうと思います。

例えば、お金の問題が切羽詰まってくるとして、自分の給料ももらえないし、部下の給料も出せないという状況下に自分自身を追い込んでいきますと、すさまじいエネルギーがほとばしる、いわゆる「狂」の状態になっていきます。その状態のときに出ていくエネルギーでなければ越えられないバリアが多いような気がしています。

そうした条件にしていく場合、インディペンデントなベンチャービジネスでなければ、そこまで追い込むことはできません。社内ですと、本人が望んだわけでもないのに偶然、テーマやリーダーが決まっていくわけですから、従業員の給料やボーナスについて、私は大きな差をつけていません。業績結果によって評価をあまりに大きく変えると、一部の人は非常にエキサイトするかもしれませんが、大半の人を非常に失望させて、職場のモラール（士気）が下がることがありますので、研究開発でいろいろな成果を収めた場合でも、評価に大きく差をつけることをしていません。そうであるだけに、インハウスベンチャービジネスの限界というものを感じています。

できれば物理的条件を変えて、自分をハングリーな状態に置ける人が、それができないにしても「狂」の状態にまで自分自身を高めていき、そこから出るエネルギーや情熱で、研究開発を自ら進めていくことが望ましいのですが、そのような人はなかなかいないものです。ですから、インハウスベンチャービジネスのやり方に対しても、われわれとしては現在いくらか困っている状況です。

京都の企業は相互に技術提供を行うべき

われわれが仕事上のおつき合いをしている、京都の二～三の中堅企業の方々と話をする中で、先般から私が「こういうものをつくったらどうだろう」と言われているものがあります。

マーケットニーズをとらえて、「このようなものをつくれば売れそうなのだが」と思えるような製品があったとして、それをつくるための技術は自社に一つぐらいはあるけれども、その他の技術がないというケースが多くあることに、皆さんもお気づきだろうと思います。われわれのいる京都の経済基盤は非常に小さく、たかだか中堅企業群がある程度であり、その中で各企業が重複した基礎研究を行っています。これはもったいないのではないかと思います。そこで、京都技術アレンジメントセンターのようなものをつくったらどうかと思います。自分たちが所有する技術をそのセンターに登録して、ライブラリーとしての機能をもたせておきます。あるメーカーがあるものをつくりたいと考えているが、特定の技術がない場合に、各企業がもつ技術のインデックスを、そのセンターで図書館のように調べることができます。その中に自分が望むめぼしい技術があった場合には話し合いを行い、同業者の場合には少々問題があるかもしれませんが、ロイヤリティを代価に技術を提供してもらうのです。

ある専門分野ではごく当たり前で、特別難しい技術ではないものも、他の専門分野ではそれが逆に非常に難しく感じられることがあります。そのような技術はいくらもありますので、それらを非常にリーズナブルな値段で提供してもらえるのであれば、各企業は研究開発がもっとうまく進むのではないかと思います。

このように、技術やノウハウの価値をもっと認めようではないかと思っています。一般に、企業はお互いに技術の盗み合いを行っています。そうではなく、技術を相互提供するセンターをつくって、各企業を結びつけていくコーディネーターのような人材がいれば、今まで非常に困難であった研究開発が大幅に進む場合があるのではないでしょうか。このように思い、今申し上げたような提案をしたわけです。

流通にしても、同様のことが言えます。われわれはエメラルドの再結晶宝石をつくっていますが、その中で流通の問題があります。われわれは完成品をつくっていませんから、流通ネットワークをつくれる人間がいません。今でこそ、頭を何度もぶつけて歩き回った結果、銀座と京都の四条に直営店をつくりましたが、最初は代理店をどこへつくればいいかもさっぱりわからず、一生懸命全国を走り回ったりするなどして、お金がかかるわりには、なかなか効果が上がらない取り組みをしていました。

他の会社では、流通関係で非常に多くのベテランの方々がノウハウをもっておられます。そこで、「このネットワークを使って、代理店契約はこのようにすればいいんですよ」ということを教わり、それに対して売上の数％程度のノウハウ料を払ってもいいのではないかと思います。

このように、何も技術をテクノロジーに限定するのではなく、流通やデザイン、ファッションなども広く含めて技術として、それらをお互いにアレンジするようなことをしていけば、もっと研究開発が進むのではないかと考えています。

日本は特に中小企業の数が非常に多いので、重複する研究開発や技術開発を同時に行っていたのでは、国家的にも非常にロスが多いのではないかということから、今申し上げたような提案をいたしました。

研究開発テーマは、少々難易度の高いものを

研究開発テーマを選ぶ場合に、われわれは必ずといっていいほど、現在自分たちがもっている技術では少々難易度の高いテーマを選びます。それはトップである私が選ぶ場合もありますし、研究開発担当の役員が選ぶ場合もありますし、部下のほうから上がってくる場合もあります。

いずれにしても、開発テーマを選ぶ場合には、自分のもっている開発能力というのは、アップデートされてどんどん伸びていくのですから、それを未来進行形で評価できる能力をもっていなければなりません。

「現時点における、自分と自分を含む部下の開発能力はこのくらいである。しかし、今年の後半には、おそらくこのような研究も行っていくだろうし、その間に他の専門家もチームの中に入れていけば、このくらいのパワーになるだろう。そうすると、

来年の夏頃にはこのくらいのパワーになっているだろう」というようなことを考えます。つまり、自分を含めた今のチームの成長と、後から入ってくる者の成長も含めて、開発能力を未来のある時点においてとらえるのです。その能力は現在も含め、未来のある一点でも向上し続けているのですから、その一点における自分たちの開発能力の評価が正しくできなければ、開発リーダーにはなれないと言っています。

われわれは昔から、非常にチャレンジングな会社で、自分たちの技術を未来進行形でとらえればつくれそうな製品の引き合いを客先から頂き、開発に取り組んできました。現在取り組んでいる中でも、われわれがアメリカから四〜五年前に導入した、単結晶サファイアを連続で引き上げていく技術を使ったものがあります。単結晶サファイアをチューブ状や三角形などのどのような形状でも、軸方向も決めて思いどおりに引き上げるという技術を使い、単結晶サファイアを工業材料に使おうとして、現在いろいろな応用を図っているのです。

その中に、単結晶サファイアの表面にいわゆるエピタキシャル成長をかけて、非常に薄いシリコンの膜をサファイアの表面につけるというものがあります。これを

SOS（シリコン・オン・サファイア）と言います。これで半導体デバイスをつくると、従来のシリコンウェハを使うよりは電力消費が非常に少なく、メモリなどにすると非常にスピードのあるものができることがわかっています。これは決してまったく新しいものではありませんが、新しいデバイスをつくるためのSOSを、その応用として開発しています。

最近、ファクシミリを非常に安くつくろうという動きが日本中で見られます。電電公社でも、そのようなものを家庭用の電話線につなぎ、一〇万円以下のファックスを各家庭に入れようという動きがあります。その中で、どうしてもプリンタのヘッドになる部分を非常に安くつくらなければいけないという問題があります。そうしたニーズがあり、SOSをベースにすれば非常にいいプリントヘッドが安く量産できるはずだと考えました。

プリンタのヘッドは非常に小さい部分がヒーターになっており、それを加熱して印字をします。そのSOSの中に、ダイオードや抵抗部分、さらにできればドライブサイドも一体化させたものが、先ほど申し上げたセラミックスの積層技術と同じような概念でできるはずだと考え、試作を行っています。

一〜二社のお客様にそのことを話したところ、「そのような製品は今非常に欲しいところだったので、ぜひ試作をやってくれ。いつ頃できるのか」と言われました。それに対して、まだできてもいないのに、「本年の六月末頃には、三個ほどのサンプルはつくりましょう」というようなことを言うわけです。お客様に請われて、そのように答えるケースが非常に多いのです。

その場合に、先ほど私が言いましたように、自分のチームがもっている開発能力を未来進行形でとらえることが大事なのです。そうした評価が正しくできず、例えば非常に慎重になり過ぎて、「六月と言われても、やってみなければわかりません」と言っていたのでは、お客様から注文を頂くことはできません。また、簡単に「できます」と言っても、実際に六月になってできていないと、お客様はわれわれの試作品を使ってファクシミリを試作しますので、たいへんなご迷惑をかけることになってしまいます。

やはり、自分たちの開発能力を未来進行形でとらえて、正しく評価することが非常に大事ではないかと思います。これはトップと研究開発をする人間との間でも同じだと思います。トップから諮問され、「これはいつまでにできるんだ」と言われた場合に、「トップの評価を悪くされても困るから」という理由で慎重になり、時間を引き延ばせばいいというようなものではないと思います。やはり、トップからの要求にチャレンジするという冒険心のようなものがないと、トップから正しく評価をしてもらえないでしょう。

開発能力を未来進行形でとらえることは、逆に言いますと、自分が上司やトップ、お客様に約束したことに対して、自分を追い込んでいくことになります。自分にとって都合の悪い状況をつくり、自分を追い込んでいくのです。人間というのはどうしても易きにつきますから、自分を追い込んでくれる外部環境、状況を自分からつくることが必要なのではないだろうかという気がしています。

研究開発に求められる「企業家精神」

研究開発を行う人には、よく言われている企業家精神というようなものが非常に重要である気がします。いわゆる勤め人、サラリーマンの気持ちのままの研究開発者では、優れた研究開発はできず、やはり研究開発を行う者こそ、企業家精神にあふれていなければならないと思います。

例えば、「なぜこの研究開発を行うのか、なぜその期日までに終えなければならないのか」というような思いを抱き、ただ「言われたから」「指示されたから」という程度の動機づけで研究開発を行うような人は、熱意が非常に弱いのです。企業家精神が非常に旺盛で、その研究開発の必然性を自分自身で正しく認識でき、正しい動機をもち、部下にも研究開発の意義を説得できる人でなければ、開発リーダーは務まらないと感じています。

それと同じように、繰り返しになりますが、研究開発のような新しいクリエイティブなことができる人というのは、ある種の「狂」の状態をもっている人でなければならないと思います。大企業の社長になった人を見ますと、何かを成し遂げる人間というのは、やはり「狂」の部分をもっている人だと思います。

一方、われわれが技術開発を行う場合には、専門性があって非常に頭が冴えると同時に、冷静に自分の成果を分析できなければいけませんから、どうしてもノーマルな人間を選んでしまいがちです。しかし、平時には非常にノーマルな常識人であっていいのですが、ことに遭遇したときに、「狂」の世界に入れる人間でなければなりません。あることを成し遂げた人を見ますと、普通の状態からして、すでにいくらか「狂」の部分をもっている人が多くおられます。そうした方々のお話を見たり聞いたりしますと、常識で考えればおかしいのではないだろうかと思うような、とてつもないことを言われる人がおられます。

われわれの場合には、そのような規格はずれの人では困るので、やはりノーマルな常識人で、ある程度謙虚さももっていると同時に、ひとたびことに遭遇すれば

「狂」の状態に入れる人でなければならないと思います。ことにあたって「狂」の状態に入るためには、物理的な環境条件が要るのですが、それをわかりやすく言いますと、ハングリーな状態です。

私はボクシングが非常に好きなものですから、よくボクシング中継を見ていますし、実際にやってみたこともあります。ボクシングの試合でパンチが同時に入りますと、どちらの選手も攻撃が効いて、ガクッと膝が崩れます。このように打ちのめされた体力の限界の状態から踏ん張りがきくのは、「このチャンピオンの座から落ちたら食べていけなくなる」というハングリー精神だと思います。そうした物理的条件が選手を「狂」の世界に引っ張り込んで、自分を追い込み、最後に勝つことができるのだと思います。

そうした外部条件のもとで、自分を「狂」の状態に追い込んでいくことが非常に重要なわけですが、さらに言えば、私はそうした物理的な条件を意図的に自分でつくりながら、同時に「狂」の世界と常識の世界とを自由に行き来ができるような人でなければならないと思います。それはまさに、夢と現実の中が行き来できるということだと思います。私の場合、難しい研究開発のことを考えていると、朝起きてから夜寝るまで、ご飯を食べるときもそのことだけを考えてしまうことがあります。そのうちにプロセスから結果までが頭の中で見えてしまい、まだ何もできてないのに、「できる」と周りに言い出します。今までは漠然と夢の中で考えていたものが、いつの間にか現実と分離できなくなり、一体になってしまうということがよくあります。

夢と現実の世界の間、「狂」と常識の世界の間を行き来するのは、この地球と宇宙との間を移動するようなものではないかと思っています。人工衛星を飛ばして宇宙に上がるには、猛烈な推進力とエネルギーが必要ですが、無重力の空間に入りますと、エネルギーをあまり必要としなくなるほど簡単に進めるようになります。最初はそんなことなどまったく不可能な感じがするのですが、実はそうではないのです。

つまり、研究開発を行う人は、取り組んでいるテーマを「可能性があればやりたいなあ」というような夢のままにしていてはいけないのです。現実と夢の世界がだんだん縮まってきて、実際にテーマの開発に成功したかのような錯覚をするぐらいにならなければなりません。この二つの世界を自由に行き来できるタイプの人でなければ、優れた研究開発はできないと思います。

革新的なことを成し遂げるのは素人だ

最後に、私の持論をお話しします。私は、革新的なことを成し遂げるのは素人だと思っています。専門ばかでは絶対にできません。もちろん、専門的な知識や技術はもっていなければなりません。しかし、専門性を軽視するわけではありませんが、専門の中にどっぷり浸かり込んだ人では、革新的な研究開発は絶対にできないと思います。素人にこそ革新的な開発ができるのです。

いくら専門家であっても、常に素人と同じような新鮮な目で物事を見ていくことが大事です。常に好奇心をもち、常に澄んだ目で物事を見ていく、素人のような純粋な目がなければ革新的なことはできないと思います。専門の中にどっぷり浸かり込んだ専門ばかよりは、素人を起用したほうが成功するケースが非常に多いというのが、私が経験から感じていることです。

話をまとめますと、研究開発を行うにあたり、素直で謙虚な心をもち、人一倍研究開発に情熱を燃やし、ときには「狂」の状態に移れるようなタイプの人でなければ、優れた研究はできないのではないだろうかと思っています。

以上で私の話を終わりたいと思います。ありがとうございました。

要点

自分のもっている技術の延長線上にないもので、碁で言うところのいわゆる飛び石を打って、新製品が成功することがある。しかし、その製品のサイクルが非常に短く、外部環境の変化に対応できないと、後続する製品の開発ができない。

◉

どのような変化が起こっても、自分の得意な技術の延長線上にあるものであれば、アプリケーション（応用）が利く。それがもし失敗であっても、ただちにその転換を図ることができる。

◉

経営において飛び石を打つのは怖い。だから、必ず技術をつなげて製品を開発する。展開が遅いように見えるが、そのほうが手堅い。

マーケット・クリエイションも技術開発や研究開発と同じであるはずだ。マーケットが存在しなければ、自分でマーケットをつくればいい。

研究開発をする場合でも、マーケット・クリエイションを行う場合でも、ある種の「狂」の状態のようなものがないと、どちらも決して成功しない。

一般には、つくる側が「これは非常に高い価値があるものだ」と考えがちだが、それがどの程度の価値をもっているかは、バイヤーサイドが決めるものである。だから、研究開発した製品が採用され、その結果としてお客様が非常に喜んでくださる場合、つまり、お客様が使うことで製品の価値が高まる場合、その製品には付加価値があると言える。

◉

技術的な能力以上に、リーダーのもつ人間性が研究開発の成否を決める。高度な技術や優れた能力を多くもち、研究開発に対する旺盛な意欲をもっており、自分の研究プロセスを冷静かつ非常に厳しく見つめられる人、そしてときには研究を行う自分自身を非常に厳しく追及することができる人でなければ、期待したような研究はできない。

◉

研究開発を進めていくと、いろいろなバリアに遭遇する。そのバリアを乗り越えていくのは、結局はリーダーがもっている情熱やエネルギーである。物理のエネルギー法則と同じように、リーダーとその集団が開発テーマに注ぐ情熱やエネルギーの量と、バリアの高さが同じになる必要がある。つまり、すさまじいエネルギーや情熱を注ぐことにおいてしか、そのバリアを越えられない。

開発テーマを選ぶ場合には、自分のもっている開発能力というのは、アップデートされてどんどん伸びていくのだから、それを未来進行形で評価できる能力をもっていなければならない。

◉

自分を含めた今のチームの成長と、後から入ってくる者の成長も含めて、開発能力を未来のある時点においてとらえる。その能力は現在も含め、未来のある一点でも向上し続けているのだから、その一点における自分たちの開発能力の評価が正しくできなければ、開発リーダーにはなれない。

◉

自分が上司やトップ、お客様に約束したことに対して、自分を追い込んでいく。自分にとって都合の悪い状況をつくり、自分を追い込んでいくのだ。人間というのはどうしても易きにつく。だからこそ、自分を追い込んでくれる外部環境、状況を自分からつくることが必要なのだ。

◉企業家精神が非常に旺盛で、その研究開発の必然性を自分自身で正しく認識でき、正しい動機をもち、部下にも研究開発の意義を説得できる人でなければ、開発リーダーは務まらない。

◉自分を「狂」の状態に追い込んでいく。そうした物理的な条件を意図的に自分でつくりながら、同時に「狂」の世界と常識の世界とを自由に行き来ができるような人でなければならない。それはまさに、夢と現実の中が行き来できるということだ。

◉

専門の中にどっぷり浸かり込んだ人では、革新的な研究開発は絶対にできない。素人こそ革新的な開発ができる。いくら専門家であっても、常に素人と同じような新鮮な目で物事を見ていく。常に好奇心をもち、常に澄んだ目で物事を見ていく、素人のような目がなければ革新的なことはできない。

KAZUO INAMORI LECTURES

専門化に基軸を置く技術開発経営

第二四回軽井沢トップ・マネジメント・セミナー講演——一九七九年七月一八日

背景

本セミナーは、一九五八年に、企業の持続的成長のための条件および戦略を構想する日本初の経営者セミナーとして始まったもので、日本生産性本部が主催している。

第二四回は、「八〇年代の企業経営における機会と危機」をテーマとし、セミナー二日目には稲盛が「専門化に基軸を置く技術開発経営」という演題で講演した。

産業転換が求められる一九八〇年代

日本生産性本部で今回企画されたテーマは「一九八〇年代の企業環境がどのように変化をするのか、その変化した企業環境の中で企業がどう対応するのか」というものです。私の講演では「どのようにして、国際化、多角化、新技術の開発、新製品の開発を進めていくか」ということが与えられたテーマだと理解しています。

来年がもう一九八〇年ですので、そう大きな変化はないと思っていますが、まずは日本が今日まですばらしい経済発展を遂げてきた要因を考えてみたいと思います。

日本が戦後の廃墟の中から、今日の世界第二位の経済大国をつくってきた要因は諸々あると思いますが、その中で特に大きい要因としては、戦後七〇年代まで一貫して西欧先進諸国からの技術導入を軸にして、日本の経済力が発展してきたことがあると思っています。

ここまで発展した日本経済は、すでに技術を導入してきた、西欧先進諸国の技術を上回るほどになってきています。まさに強力な競争国になっており、現在、国家間の貿易摩擦、経済摩擦は一時的には沈静したかに見えますが、八〇年代はこの貿易摩擦がずっと続くであろうと考えています。いろいろな形に姿を変えて、摩擦が強くなることはあっても弱くなることはないと思っています。

今日まで日本は、導入した技術を日本人らしく、よく咀嚼《そしゃく》し、現在の日本の高い工業生産力、また品質レベルにまで改良改善をしてきました。そういうものが、技術をトランスファーしてくれた相手国を凌《しの》ぐまでになってきているため、この強力な競争力をつけた我が国に対する、世界中のやっかみと非難は、さらに度を増してくる。それが一九八〇年代ではないかと思います。

最近までは、特にアメリカがそのような日本の競争力に対して、保護貿易主義をとるようなことが、アメリカの議会筋などから伝わってきました。現在では沈静化していますが、依然として尾を引いていると私は思うわけです。もちろん、自由経済を基本に置くアメリカの為政者ならびに経済人が、保護貿易主義の方向をとるとは思いません。これは自由経済の否定であり、世界経済の萎縮《いしゅく》や縮小につながり、今まで繁栄した世界経済に、大きな悪影響を及ぼしてきます。管理された貿易などといろいろなことが言われていますが、そういう保護貿易の方向は自分の首をしめることになるので、そのような方策はとらないと思います。

しかし、日本の競争力が増してきた現在、日本の経済力をそこまで高めてきた技術のトランスファーというものが、一九八〇年代は徐々になくなっていくだろうと思います。つまり、西欧先進諸国から日本へ行われてきた技術トランスファーというものがなくなる時代が、一九八〇年代ではなかろうかと私は考えています。

それが、西欧先進諸国のいわゆる政策として打ち出され、個々の企業の中で自主的に行われる可能性が多分にあることを、私は危惧しています。

三年ほど前は、現在盛んに言われている日米半導体紛争というものが起こり始めるときでした。世界の半導体メーカーに、京セラの半導体セラミックパッケージを納入し、昵懇《じっこん》にしていた関係で、各社のトップに会い、いろいろ意見を聞いてみたことがありました。その当時、日本からの半導体のアメリカ輸出がだんだん増えてきており、アメリカの半導体の主だった企業経営者の方々は、日本に対する非難を少しずつもらし始めていました。

そのときの彼らの論理は、次のようなもので、現在でも変わらないものです。

「戦後一貫して日本はわれわれの技術を導入していった。例えば、カラーテレビにおいてもしかり、自動車においてもそうだ。そして現在、皆さんが見てもわかるように、アメリカのカラーテレビは大半が日本製だ。確かに品質もいい。だから、アメリカの国民がそれを喜ぶのは、当たり前であろうし、自動車もそうだ。しかし、その結果、あらゆる精密な工業製品というものを、日本がとってしまった。最近、世界各国とも大きな技術的なイノベーションがない。アポロ宇宙船のような大きな仕事をする中で、生まれてきた半導体技術は、アメリカの大きなテクノロジカル・イノベーション（技術革新）なのだ。その技術も日本に導入してあげたが、最後に残ったこのすばらしい技術革新の成果である半導体技術くらいは、アメリカに任せてくれたらどうだ。テレビも、自動車も、あらゆるものを自分たちのものにし、最後の半導体まで日本はやるのか。テレビ、自動車、その他諸々のものを、われわれは買うのだから、半導体くらいは国内分を少しまかなうくらいにし、アメリカから買ってくれたらどうだ。そうでなければ、世界中の調和がとれないではないか」

同時に、「われわれが戦後一貫してアメリカで新しく開発した、新しいテクノロジーを日本にトランスファーしたことが間違いであった」ということを言う経営者もいます。インテルのノイス博士、AMDのサンダース社長、ナショナル・セミコンダクターのスポーク社長、モステックのセビン会長、プロスロ社長、それらの方々の意見が、だいたいそのような内容であったと思います。

この言葉が一九八〇年代の日本産業に与えるインパクトは、今まで技術のトランスファーをもとにして、それをさらに洗練された高度なものに仕上げるという、日本の発展の原動力となった、一つの大きなファクターが徐々になくなっていくことを意味しているのだろうと思います。

同時に、現在起こっているエネルギー問題は、ますます深刻の度を深めていくでしょう。そういう点ではわれわれ産業界に求められるものは、省エネルギーに徹した、いわゆる知識集約型への産業転換でしょう。

一九八〇年代をこういうことが要求される時代だと位置づけたいと思っています。

専門分野を極め、高度な技術をベースに展開する

そのような環境条件、つまり、エネルギーがなくなり、西欧先進諸国からの技術のトランスファーがなくなってくるという条件の中で、われわれ企業人がどのようなことをやっていくのか。私は日本人の特性を考えてみると、われわれの先祖を含めて、日本民族には画期的なイノベーションを起こすような素地はないのではないかと思うのです。

私自身が技術屋でありながら、このようなことを言うのはまことに恥ずかしいのですが、われわれ日本人の精神構造の中にも、頭脳構造の中にも、そういう飛躍した発想をする回路がインプットされていないのではないかという気がしています。

農耕民族であった日本民族は、自然の四季の移り変わりに忠実にしたがって、繰

り返し同じ農作業を行うことで生きてきました。逆に自然に逆らい、突拍子もないことをしたのでは、生きられなかったのではないでしょうか。つまり、忠実に自然の掟にしたがって、着実に仕事をしていく繰り返し作業が、生きる最善の方策であったのではないかと思います。そのために突拍子もない飛躍した発想をすることが、できなくなってしまっているのではないかという気がします。

農耕作業をするには個人ではできないので、いわゆる村単位での共同作業、共同農耕が発達してきます。ですから、日本人は集落の中で、皆で調和を図って共同作業をすることには非常に長けていました。つまり、今の日本企業が企業単位で非常によくチームワークをとり、世界の企業に打ち勝っていくという素地が、昔からあったわけです。

古くから日本では、新しいものはすべて外国から導入されたものであり、そういうものを日本人らしい繊細さでより高いレベルのものへと改良改善をしてきたのだと思います。つまり、日本にしかないという文化・技術というものは、なかったのではないか。一方で、それを導入させてもらった国よりもさらに高度な、洗練されたファインなものに仕上げていくという才能があったのではないか、そのように思います。

ですから、欧米のいわゆる狩猟民族が獣を追う場合などに求められる、飛躍した発想や、単独行動をとる思考パターンとは自ずから違ったのではないだろうかと思っています。しかし、確かな技術、確かなベースさえ与えれば、それを忠実に再現し、さらに洗練されたものに、ファインなものに改良改善を加え、仕上げていくという日本人の特質は、どの民族よりも、優れているのではないでしょうか。

日本人には、飛躍した発想はないので、今後も改良改善していくという特性を生かしていく方法しかないと考えます。今までは西欧先進諸国から技術導入したものをベースに、その相手国よりも優れたものに仕上げてきたわけですが、今後はベースがないわけですから、いろいろな技術を身につけるのではなく、自分の専門を深める、つまり企業の専門化を進めていくべきだと思います。

専門化を図っていくと、自分がその分野で生きるため、その専門の道、分野を深く掘り下げていきます。鋭角的に、鋭くその分野を掘り下げていき、専門の分野、または専門の技術について極めていく。今後はそれぞれの企業が、専門分野に徹して、その分野については、世界中のどこにも負けないというところまで、技術を極めることが必要ではないかと思います。

その極めた技術に対しては、それぞれが自信をもっているわけですが、その自信をもった技術をベースにして、日本人の特徴である改良改善を加えていく。日本民族の場合には、長期計画を立てることが非常に不得手です。ただし、現在やっている仕事の一歩先に対して、一歩ずつことを進めていくということに関しては、非常に着実で堅実なものをもっています。ですから、ベースになる技術に、一歩一歩、改良改善を加えていくことが、日本の企業のとるべき道ではなかろうかと思っています。

一歩一歩と言いましたが、その一歩の展開をするときに、非常に狭い範囲の専門分野かもしれませんが、もっている優れた技術をベースに、その時々の市場が求めているニーズに応えていくわけです。ニーズの中には、突拍子もないものもたくさんありますが、そういうものも採り入れて、ベースになる技術を基軸に置いて一歩一歩展開していく。そういう一歩一歩の積み重ねをそれぞれの企業が続けていくことで、何ステップか後を振り返ってみれば、非常に大きなテクノロジカル・イノベーションをやったのと同じことになるのではないかと思っています。

「その専門でしか生きる道がない」という意識

私が専門化すべきだと言うのは、人間の能力には限りがあり、いろいろな技術をパラレルに極めることは、なかなか難しいからです。世界中で誰にも負けないという自信をもつためには、まず専門化し、鋭角的にそれを掘り下げる必要があります。同時に「自分は、その専門でしか生きる道がない」という意識にもっていきたいわけです。技術革新や進歩を促していく場合、これはスポーツの世界でも一緒です。プロスポーツの世界では、ハングリーな状態でなければ強くならないと言われていますが、技術の世界も同様です。立派な研究所があるから、いい技術開発ができるとは限りません。やはり、研究に携わる、開発に携わる人たちが、ハングリーな状態でなければいけないわけです。そういう状態をつくっていくには、どうしても専門化させ、その専門でしか生きる道がないということを、それぞれの技術屋に悟らせるべきだと思っています。

その専門の道を生涯の道として、その道を歩かせる。「その道では他人《ひと》よりも優れた技術開発ができなければ駄目だ」というように追い込まれた状態をつくっていくという意味からも、私は専門化することが、必要ではないかと思っているわけです。

これは技術屋だけではなく、それに携わる管理職、または予算などを司る財務担当の者を含めた全員を、その専門の道でしか生きられないというように、追い込むべきだろうと思っています。そして、現在もっている技術をさらに追究し、世界中の誰にも負けないレベルにもっていくわけです。

つまり、専門の道からは逃げられないという状況をつくっていくのです。そのような条件を設定した上で、研究開発にあたらせなければいけないと思っています。

核となる技術から、多角的展開を図る

もちろん研究開発には、その核となる技術が必要です。京セラの場合には、セラミックスという仕事に携わっています。セラミックスというのは、広い意味では焼き物です。焼き物でも金属酸化物、または金属の窒化物、炭化物、硼化物《ほうかぶつ》といったような、金属の陽イオンと非金属の陰イオンとのイオン結合でできた鉱物結晶の多結晶体を高温で焼き固める仕事が、いわゆるファインセラミックスのベーシックな仕事です。

金属の酸化物は、この地球上の地殻の中にたくさんあります。鉄の酸化物、アルミニウムの酸化物、シリコンの酸化物というもので、この地殻の土壌は構成されています。その中の特定のものを純化し、材料に使う。酸化物同士いろいろなものを混ぜることもやります。

つまり、鉱物結晶の多結晶体というものが、京セラの研究の基です。多結晶体がもっている物性を研究して、電子工業への応用や一般産業機械への応用など、いろいろなことをやってきているわけです。

一方で、単結晶という一つの結晶体の場合は、その鉱物がもっている特性が非常にクリアに出てくると考え、われわれは単結晶の研究をここ一〇年ほどやっていきます。多結晶では出せない物性が、単結晶では出るのではなかろうか、という観点で研究をやっているのです。今、京セラのセラミックスの中で一番大量につくっているのは、酸化アルミニウムです。これは結晶学的には、コランダム結晶と言いますが、なじみの名前で言えば、サファイア、ルビーと同じ結晶です。

世界に負けない研究――エレクトロニクスへの展開

京セラは酸化アルミニウム、つまりアルミナセラミックスを、多量につくっている関係で、単結晶、つまりサファイアの合成ということを研究してきました。酸化物の結晶については、おそらく世界中どこにも負けないというぐらい研究してきました。その中で、電子工業に応用すべく、サファイアの単結晶の合成をしてきた結果、サファイアを量産できる技術まで到達しました。非常に速いスピードで、ちょうど板ガラスをつくるのと同じような方法で、溶融したサファイアの状態から板状、チューブ状など、いろいろな形状のものを、単結晶で引き上げる技術を開発しています。

このでき上がった単結晶のサファイアは、ダイヤモンドに次ぐ硬さだけでなく、いろいろな特性をもっています。最初は工業用の透明な耐摩耗性に優れた材料、もしくは非常に強度が高いので、強化ガラスよりはるかに強いガラスとして、いろいろな用途を考えようと思っていました。

また、そういうすばらしい材料であるサファイアに、当社がもっているすばらしい製造技術を加えて、別の用途も考えました。現在ではシリコンの単結晶をベースにして、ICをつくっています。サファイアの表面に、シリコンの薄い単結晶の層をつけることをシリコンのエピタキシャル成長と言いますが、リアクターを使い、ガス状のシリコンを流し、サファイアの表面に非常に薄い数ミクロンのシリコン単結晶を成長させることに努めています。その膜の上にＩＣチップをのせると、従来のＩＣよりもはるかに消費電力の少ない、ハイスピードの電子回路ができるわけです。

そういうことは、七〜八年前からわかっていましたが、サファイアを安く供給する技術ができていませんでした。またＩＣをつくるプロセスが難しいという問題があり、なかなか工業化されていませんでしたが、現在では、シリコンに代わる新しいＩＣ材料として脚光を浴びてきています。特にメモリ回路、ＩＣメモリ回路などについては、非常に応答速度の速い、そして電力消費の少ないＩＣメモリができるということで、応用が行われています。多結晶体であるセラミックスの研究を行い、結晶技術を極めていった結果、できた単結晶の一つであるサファイアが、電子工業に応用されているのです。

古来の人類の夢をかなえる——生体材料への展開

このサファイアの特性を調べる中で、歯科、または整形外科の領域、つまり医療分野で応用ができそうだということがわかってきました。歯科または整形外科の分野では、インプランテーション、つまり人工物を人体の中に移植する、また、欠落もしくは欠損した人間の機能を修復する、回復させるということが盛んに行われています。

人工腎臓など、現在はいろいろな部位の移植が行われていますが、骨の分野でも、過去からずっと行われてきました。最初は、歯のインプランテーションでした。歯が抜け落ちて、咀嚼《そしゃく》能力がなくなった方は、現在入れ歯をしていますが、それだけでは十分に歯の機能を修復しえません。そのため、古くは顎の骨に金属を埋め込み、その上に人工の歯をつけるということをしていました。つまり、顎の骨の中に金属を埋め込み、その上のほうに、自分の歯と同じような人工の歯をつけてあげることで、機能が回復するだろうと考えられてきたのです。

ところが、人体の中はまさに食塩を主体にした電解質です。そういう電解質の中で金属を骨の中に入れると、金属は必ずイオンになって溶け出します。コロージョン（電気腐食）、つまり金属が腐る、錆びるという現象が起こります。当然、骨細胞はそれに対して、拒否反応を示し、それを押し出そうとします。最初は金属を入れて、二～三年もつ、四～五年もつと思われていたものが、非常に悲惨な結果を招いていきます。そのため、人体の骨の部分に、いわゆるインプランテーション、移植するという作業は非常に危険であるということになっていました。

そのことを医学界の方から聞き、金属の代わりにサファイアを使ってはどうかという提案をしたわけです。サファイアというのは、アルミニウムイオンと酸素イオンとがイオン結合で強固にくっついているもので、結晶をなしています。

アルミニウムイオンというのは、非常に小さいものですが、周囲に三個の酸素イオンがくっついています。三個の酸素イオンのぴったりくっついた間にギャップがあり、そのギャップの中に、アルミニウムイオンがちょうど入るのです。

イオン結合の中で最も安定した結晶構造をしており、原子の配列からしても、最も理想的な配列をしています。できたサファイアがダイヤモンドに次ぐ硬さをもっているというのは、そういう理由からであり、同時に、そのように強固に結合した結晶体は、酸・アルカリにも、非常に強いわけです。

例えば、海水中に放置しても、何十年たっても腐食せず、非常に安定した材料です。ですから、人体に入れても、金属のように錆びるということがないため、人体における拒否反応もないのではないかとわれわれは考えたのです。

また細胞の培養などを研究しているある医師に会って、いろいろディスカッションしたところによりますと、人体に近い化学組成をもったものは、体がそれを溶かして吸収する作用をするそうです。

人体は、自分に合わないものは、必ず押し出す作用をするわけですが、自分の組織に近いものだと、それを分解して吸収していく作用をします。例えば、有機物で、ポリエチレンのようなものを人体に入れておくと、何年かのうちに吸収し、なくなってしまいます。つまり、有機物で、炭素、水素で結ばれたもの、タンパク質構造と似たようなものは、人体がそれを分解して吸収してしまいます。

人体によくフィットする、親和性のあるものは、人体を構成する分子に近く、吸収してしまうのですが、だんだん構造が離れていくにしたがって拒絶反応が出てくるわけです。しかし、それは直線的に離れていくのではなく、円のような関係になっているのだろうと私は考えました。

つまり、生体細胞に極限的に一番近いものから、最も遠く離れたものは、逆に生体細胞に一番なじむものになっていく。生体細胞側からだんだん離れていくに従い拒絶反応が強くなっていきますが、最終的にはまた生体細胞に近づき、拒絶しないものになっていく。

これは京セラの仮説ですが、まったく異質のもの同士であれば、拒絶しなくなると仮定し、実験を始めました。

まずは動物実験から始め、現在では医師による臨床実験に移っています。実際に歯の中に入れ始めたのですが、歯科治療のすばらしい革新につながると考えています。人体の中で欠落した部分を修復するということは、有史以来の人類の夢であったはずです。何千年も昔の古墳などを開けてみると、歯に宝石や石をつめている遺体に遭遇することがあります。そのような古来の人類の夢をかなえる技術的なイノベーションも、使用可能なマテリアル（材料）が生まれて初めて成功するわけです。

現在では、京セラのサファイアを使った人工歯根が普及しており、同時に、骨の関節または骨折したところを修復するときのスクリュー、ネジ、ピンのようなものにまで、盛んにサファイアが使われるようになってきています。従来は、交通事故などで骨折すると、ステンレス・スチールのネジでとめていたわけですが、このサファイアを使うと取り出す必要がありません。骨がつながった後でも、取り出す必要がないくらいにすばらしい性能をもっています。そういう医療分野へサファイアを使うことを現在始めており、成功しつつあります。

新しい領域をつくり出す――人工宝石への展開

酸化物の単結晶に関して言えば、これは宝石とまったく同じです。以前からサファイアのような天然宝石が非常に枯渇しています。人類が宝石を身につけるようになった歴史は、はるか昔ですが、最近は非常に質の悪い宝石が巷《ちまた》に高い値段で出回っています。

特に最近の天然宝石業界というのは、純粋な天然宝石ではなく、掘り出した原石にガンマ線を照射したり、熱処理したりと、いろいろなことをして、きれいな石に変えようとしています。つまり、完全に天然ではなく、それに二次的な化学処理を加え、いい石にしようとしています。

そのような中で、悪い石が非常に高く売られているため、天然の宝石とまったく同じ宝石をつくったならば、世の中の女性が喜ぶのではないかということを勝手に考え、マーケットニーズがあったわけではありませんが、技術屋としての発想から、宝石をつくったわけです。

エメラルド、アレキサンドライトに続き、この八月からはルビーを出します。エメラルドを開発するには、約五年かかりました。一般の天然宝石は、常に高温高圧の水の中に鉱物が溶け出し、冷却過程で結晶に成長していきます。

京セラの場合は、水の代わりに、非常に高温の重金属の液体を使いました。そこにエメラルドとまったく同じ成分を溶かし込ませ、エメラルドの単結晶の種を入れ、徐々に冷却させる過程で、その種を中心に結晶を成長させるという方法をとりました。しかし、その結晶がザラメみたいな大きさにはなっても、なかなか一個の大きな結晶にはならず、その解決に約五年を費やしたわけです。そのような方法で、エメラルド、アレキサンドライトなどを開発してきました。

開発に約五年もかかったので、できたときには非常にうれしくなり、いろいろな知り合いの人にもっていき、見てもらいました。すばらしい石ですから、高い評価を受けたのですが、宝石の専門家からは総スカンを喰いました。天然の宝石業界からは「化学的成分も結晶構造もまったく天然と変わらず、さらに一般の天然宝石よりもすばらしいものをつくられたのでは困る」と言われました。またイミテーションや偽物のような印象が非常に強いので、「そういうインチキをつくってもらっては困る」と言われ、「インチキじゃありません。本物です」と反論すると「本物でも天然でなければならない」と叱られ、その上、「絶対に売れない」と忠告されました。

そこで、現在、自前で独自の流通網をつくっています。ガラス玉、またはキュービックジルコニアなどのいろいろな鉱物結晶を使って、ダイヤモンドと同じような形状、屈折率にして売るものは、イミテーションになります。これまでは、そういうイミテーションと天然石という分野があったわけですが、人工であるけれども、天然とまったく同じ成分というカテゴリーの宝石があってもいいのではないか、そういうものを世の中につくることは可能ではないかと考え、取り組んでいるわけです。

養殖真珠のような分野もあるわけですから、なんとか新しい宝石の領域をつくり出すことを目指して盛んにやっています。現在の売上高は、月に約三億円のレベルにまでなっています。末端の上代価格にすると、おそらく月に五億円くらいの需要になっているだろうと思います。

人類の問題解決に挑む——代替エネルギーへの展開

また、同じ結晶から派生して、異業種・異分野にも出て行きました。結晶をつくる技術があるので、それを使い、ICに使われるシリコンの結晶をリボン状に引き上げるということをやっています。

そのリボン状シリコンを使い、省エネルギーのための太陽電池の開発にちょうど六年前（一九七三年）から取り組み始めました。現在では、その技術でシリコンリボン結晶による太陽電池をつくっています。なんとか民間でも、省エネルギー、代替エネルギーの一端を担えればという思いで、今日まで約一〇億円をつぎ込んできました。今年から、また四年間で一〇億円をつぎ込む予定にしています。

京セラがいかにもがいても、人類のエネルギー問題を解決できるほど立派な仕事はできないかもしれません。しかし、資源のない日本の国で、政府にのみ依存するのではなく、民間企業としても、もてる結晶技術を使って、そのような展開をしている例があってもいいと考えています。

多角化は「横方向」へ広げる

専門化された技術、専門化された分野を極めることによって、世界の誰にも負けない技術を身につける。その身につけた技術を使うことによって、水平方向へ展開していく。垂直統合、いわゆる、バーティカル・インテグレーションという言葉があるとすると、これはホリゾンタル・インテグレーション（水平統合）かもしれません。

つまり、ある技術を使って、横方向の他の分野へ展開し、他の分野の技術とドッキングさせることによって、ユニークなものができる可能性があるわけです。これが多角化だろうと思います。

過去に「多角化」の必要性がよく言われ、実際に多くの企業が多角化を進めてきました。しかし、産業界の過去の歴史を振り返ったとき、日本における多角化が成功であったとは、私は思っておりません。なぜかと言えば、多角化の展開の方法に問題があったからです。どこにも負けないと思える技術を基軸にして、多角化を図っていくべきであり、「あの商売がいいから」「あの商売に魅力があり、もうかるから」という形で多角化をしていくと、非常に危険です。

自分がもつ誰よりも強い技術を使った多角化、つまり、基軸になる技術をマスターした上で、それを使って異業種、異分野へ展開していくことが重要です。これを私はバーティカル・インテグレーションと呼びますが、そういうことをやっていくべきではないかと思います。ホリゾンタル・インテグレーションとは違う、

専門化された技術を鋭角的に掘り下げていき、その分野をさらに改良改善していくことによって、クリエイティブでイノベイティブな技術にまで到達する方法があ

ります。そして、その技術と他の技術のコンビネーションを図ることによって、ホリゾンタル・インテグレーションにつながるのです。

同時に、それだけ強い技術をもっていると今度は、バーティカル・インテグレーションへの方向にも行けるのだと思っています。垂直方向へ、いわゆる川下川上の方向での他の技術とのドッキングによって、強力な基軸になるべき技術をもったバーティカル・インテグレーションも実現できるのではないだろうかと思っています。

企業内も「地方分権」が必要な時代に

そう考えると、今後の日本はどうなっていくのでしょうか。中堅企業、中小企業は「専門化すべきだ」ということが、今まで盛んに言われてきました。私も中堅・中小企業には、まさに専門に徹する企業形態が必要だろうと思います。また、大企業も今までのような西欧先進諸国からの技術導入をもとにした展開がなくなってくると、それぞれの部門を専門化することが求められてきます。

事業部制というのがありますが、今までのようにプロフィット・センター、またはプロフィットを得るための独立採算事業部制というような概念から離れて、新しいイノベイティブな技術を開発するために必要な事業部制という概念が、この八〇年代には出てくるのではないだろうかと私は思います。

そうすると、ただ利益追求型の事業部制ではなく、技術屋から財務担当、企画担当までを含めた事業部制、企業内におけるまさに完全独立した、いわゆる「地方分権」というものが、強力に進められる時代が来るのではないでしょうか。もし来なければ、大企業はとても生き延びられないのではないかと思います。

今後、企業内における地方分権がさらに進んでいくと思いますが、それはいわゆるプロフィット・センター的な発想ではなく、新しい技術を生み出すために「君たちはこの分野でしか生きられないんだ」と追い込んでいく必要があるからです。

その意味では、大企業における何年かごとのローテーションによる人事異動というものも、弊害があるだろうと思います。管理をする事務方などを含めた、本当の一個の独立部隊として、その専門分野に徹させていく。もちろんその分野を卒業して、他の分野に展開していくということはありますが、ある一定期間ごとに担当が替わるということはさせない。つまり、その分野でしか生きられないという、いわば危機感に満ちた状態を、人為的につくるのです。そして、鋭角的にその技術を伸ばし、自信と確信のもてる技術をつくり上げた後、他分野への応用や、水平方向への応用、垂直方向への応用を、予算もつけて自発的にやらせる。そういう展開方法でなければ、日本の技術革新は、進まないのではなかろうかと考えます。

おそらく中小企業、中堅企業、大企業を問わず、専門化が進んでいく。そして、大企業の場合には地方分権というものが進んでいくのが、八〇年代ではないかと思っています。

戦力集中投入型の経営が、技術革新を生む

次にはどういうことが起こっていくのか。日本では、中小企業、中堅企業、大企業を問わず、企業のいわゆる吸収合併や売買は、めったに行われていません。そのような行為は、日本の産業界の中では、買い占め、乗っ取りという言葉で表されるように非常に暗いイメージがあります。

いよいよ会社がつぶれそうになって、またはつぶれてしまった会社が合体するという形はあっても、健康な状態でドッキングするということは、行われていません。しかし、欧米先進諸国では企業の売買が一個の商品を売買するが如く行われています。これはいわゆる資本主義の特徴を最も端的に示すものです。リターン・オン・インベストメント（ＲＯＩ）、つまり投資効率に合わないものは、「やめてしまう」「売ってしまう」という資本の論理というものが支配していて、一企業、または大

企業の一部門が商品と同じように扱われるわけです。

企業は、専門化をしていく必要があるわけですが、今までは、専門化の中で後れをとった中小企業・中堅企業、または大企業の場合でも、後れをとった一部門や事業部が、そのまま残っていくことがありました。例えば、三井系、三菱系の大企業では、せっかくやったものをやめるということは、「企業の面子にかかわる」「体裁が悪い」「恥ずかしい」といった、企業経営から離れた、経営者やマネジメント・サイドのいろいろなエモーショナルなファクターにより、もうかりもしない事業を続けていくことが、日本では非常に多かったわけです。

どの企業分野でも、専門化が進んでくると、その専門分野が世界的に強くない場合、そのことが企業にとって、非常に重荷になってきます。また、鋭角的に技術を極めていった部門が、よりいっそう、その技術を水平方向、または垂直方向へ展開させようとすると、膨大な資金が要ります。

その中で、いわゆる資金、もの、人材というものも、逐次、分散投入型ではなく、まさに戦力集中投入型の経営をしなければなりません。分散投入では、決して新たな技術革新は、行われないわけです。そうすると当然、大企業の中でも、整理統合が行われます。

専門化した技術開発をする上で、分散型の投入では、技術開発に後れをとるという意味で、戦力集中投入型の経営をしなければならず、私は必然的に整理統合が行われると思います。異業種分野への展開、あるいは垂直統合への展開をしていく場合、技術開発をしていく要員がおり、かつ、基軸となる技術をもっていても、いわゆる改良改善をしていく程度では他社になかなか追いつけないからです。

技術イノベーションのために、企業の流動性が高まる

ある技術にこちらの違う技術をドッキングすれば、すばらしいものができるという場合、その技術を自分たちがもっていないということがあります。

ところが、その技術をもっているあるメーカーにとっては、少しも強みがなく、

あまり有益でもない、むしろ重荷なのだということがあります。そうすれば、こちらの非常に強い技術とドッキングすることによって生まれる製品は、非常にイノベイティブなものだということがあるはずです。大企業でも戦力集中投入型の経営戦略をとらなければなりませんので、能率の上がらない、革新的な技術開発ができそうにもない重荷になってきた弱小部門は、売りに出さなければなりません。そして、売りに出される事業部には危機感が生まれ、それぞれの事業部を担当する人たちは、生きるか死ぬかという危機感にあふれ、研究を進めていくことになります。人為的に研究を促進するための条件設定がなされるわけです。

駄目な事業部であっても人材も含めて、強い技術とドッキングさせることによって、新しいイノベイティブなことが生まれる可能性があるならば、買い手もつくわけです。つまり、その企業ではあまり値打ちはないけれども、そこがもっている技術と自社の技術とを組ませることによって、すばらしいイノベイティブなものができる場合、買い手が現れるわけです。

八〇年代というのは、いわゆる資本の論理での企業売買と言いますか、アメリカや西欧的な売買が行われなくなるだろうと思います。大企業、中小企業とともに、専門化していく中で、世界中に誇れるようなすばらしい技術を極めていくために、それだけの技術をもたない部門が売りに出されていく。またはそれを買って新しいものをつくり出すことができる企業が生まれてくる。そのように、これまでの企業の固定化から、企業そのものの流動化ということが進んでくる。一九八〇年代とは、その必要性が起こってくる時代ではないだろうかと思います。

同時に人も流動化していきます。今まで日本の技術職層、または管理職層は、企業への帰属意識が非常に強く、企業に対するロイヤリティが非常に強かった。八〇年代になっても、私は企業に対する従業員のロイヤリティが決して落ちるものとは思っておりません。

しかし、新しい技術的なイノベーションを図ることが必要なために、企業間における技術者またはマネジメント層の流動化が、徐々に求められ、行われざるをえない時代ではないか。またそういうふうになっていかなければ、おそらく技術導入が見込めなくなる今後の日本の産業界が、いつまでも世界で最も優れた工業生産力をもつ経済大国の位置を維持していくことは、難しいのではないか。そのように変化していかざるをえないのではなかろうかと思っています。

私の専門分野の非常に狭い視野からものを見た、まさに独断と偏見に満ちた意見ですが、そういう時代になっていかなければ、日本が現在の地位を維持していくのは、難しいのではなかろうかと思いますし、そのように日本企業のあり方そのものが変わっていくのではなかろうかと考えています。

要点

日本人には飛躍した発想はないので、日本が発展していくには、今後も改良改善していくという特性を生かしていく方法しかない。今までは先進西欧諸国から技術導入したものをベースに、その相手国よりも優れたものに仕上げてきたが、今後はいろいろな技術を身につけるのではなく、企業の専門化を進めていくべきだ。

◉

専門化を図るには、その専門の道、分野を深く掘り下げていくことになる。鋭角的に、鋭くその分野を掘り下げていき、専門の分野、または専門の技術について極めていく。それぞれの企業が、専門分野に徹し、その分野についでは、世界中のどこにも負けないというところまで、技術を極めることが必要となる。

極めた技術をベースにして、日本人の特徴である改良改善を加えていく。日本民族は、長期計画を立てることは非常に不得手だが、一歩ずつ、ことを進めていくことに関しては、非常に着実で堅実なものをもっている。ベースになる技術に、一歩一歩、改良改善を加えていくことが、日本の企業のとるべき道である。

◉　◉　◉

非常に狭い範囲の専門分野であっても、もっている優れた技術をベースに、その時々の市場が求めているニーズに応えていく。そういう一歩一歩を積み重ねることで、非常に大きなテクノロジカル・イノベーションをやったのと同じことになる。

人間の能力には限りがあり、いろいろな技術をパラレルに極めることは難しい。世界中で誰にも負けない自信をもつためには、まず専門化し、鋭角的にそれを掘り下げる必要がある。

◉

「自分は、その専門でしか生きる道がない」という意識にもっていく。立派な研究所があるから、いい技術開発ができるとは限らない。研究、開発に携わる人たちが、ハングリーな状態でなければいけない。そういう状態をつくるには、専門化させ、その専門でしか生きる道がないということを、悟らせるべきだ。

◉

専門化された技術、専門化された分野を極めることによって、世界の誰にも負けない技術を身につける。その身につけた技術を使うことによって、水平方向へ展開していく。ある技術を使って、横方向の他の分野へ展開し、他の分野の技術とドッキングさせることによって、ユニークなものができる可能性がある。これが多角化である。

◉

日本の企業が多角化で成功するには、自分がもつ誰よりも強い技術を使った多角化、つまり、基軸になる技術をマスターした上で、それを使って異業種、異分野へ展開していくことが重要となる。

◉

その分野でしか生きられないという、いわば危機感に満ちた状態を人為的につくる。そして、鋭角的にその技術を伸ばし、自信と確信のもてる技術をつくった後、他分野への応用や、水平方向への応用、垂直方向への応用を、予算もつけて自発的にやらせる。そういう展開の方法でなければ、日本の技術革新は進まない。

いわゆる資金、もの、人材は、逐次分散投入型ではなく、まさに戦力集中投入型の経営をしなければならない。なぜなら、異業種分野への展開、あるいは垂直統合への展開をしていく場合、技術開発をしていく要員がおり、かつ、基軸となる技術をもっていても、いわゆる改良改善をしていく程度では他社になかなか追いつけないからだ。

KAZUO INAMORI LECTURES

創造する喜び

トヨタ車体での講演——一九八一年六月三日

背景

稲盛は講演の中で、創造は「できる」と信じて夢を描くことに始まり、超楽観的に目標を設定し、悲観的に構想を見つめなおした上で、楽観的に実行していくことが大切であると説いた。あわせて、強く持続した願望を抱くことが、創造の成功につながると述べた。

京都セラミックのあらまし

話に入る前に、京都セラミックのあらましをご説明いたします。一九五九年に創業して、ちょうどこの三月で二二周年を迎えました。単体での売上が、この三月決算で一〇〇五億円、経常利益が二四四億円です。従業員は単体で約五一〇〇名で、国内の関係会社その他に約二〇〇〇名います。海外の製造拠点は、アメリカに七つあり、約二〇〇〇名の従業員がいます。関係会社などをすべて含めると、従業員は約九〇〇〇名です。売上は、合計すると一四五〇億円ほどの規模になります。扱っている製品は焼き物の一種で、主要な製品はＩＣ用セラミックパッケージです。その他にもいろいろな事業に取り組んでいる会社です。

創造は夢を描くことから

本日は、「創造する喜び」ということについて話をせよということですが、われわれは創業時から今日までずっと、「新しいものを手掛ける」ということだけで成長してきていますので、新しいものを創造していくことが企業体質となり、新しいものをつくらなければ企業の発展はないということが、企業姿勢のベースになっています。

新しい研究開発や新製品の開発に取り組んでいく、つまり、創造するということは、いわゆる世の中にない新しいものをつくるということですが、「創造」と私が言った場合、いわゆる空想するという意味での想像とはまったく意味が異なります。もちろん、空想すること自体はたいへん大切だと思っています。ロマンティズムを感じる人でなければ、とても空想という意味の想像もできませんし、クリエイティブな創造もできないと思っています。これはまさに「夢を描く」ということであり、際限もなく自分の夢を描けることが、創造の始まりだろうと思っています。

とかく開発を行う場合に、研究開発会議、または新製品開発会議というものを開くと、いろいろなアイデアは出るのですが、実現させるのは難しいという理由で没になるケースがたいへん多いものです。しかし、われわれの場合には、とんでもない発想でも、何でも自由にやってよいことにしています。空想でもいいので夢を描くことが必要だと思っています。

「できる」と信じて夢を描く

夢を描いていく場合に何が大事かというと、それは夢を描く人、およびその集団が、夢を描いて実現をしていこうと努力をするときに、実現する可能性があるのだと信じることです。自分でもできもしないと思っている空想をいくら練ってみても、まったく意味がありません。空想を練っている人、夢を描いている人、次から次へと夢に思いをはせる人は、夢の実現はとてつもなく難しいことのように見えるけれども、できる可能性があるのだということを信じていなければならないと思っています。

開発会議などで、ある人が「このようなことをやりたい」と言うと、とかくそれがいかに難しいかということを縷々《るる》述べる人がいます。そういうことを言うのはだいたい頭のいい優秀な技術屋だと、どこの会社でも決まっていると思います。夢のようなことを言う人は、陽性で明るく、楽天的なのですが、優秀な技術屋にそれがいかに荒唐無稽な発想であるかということを縷々説明されると、すぐに反論ができないため、同席する役員が聞いていても、「やはり駄目だな」と思ってしまうのです。結局、その賢い技術屋の話がもっともらしく聞こえるため、「やはりこれはやめておこう」ということになってしまうのが、普通の会議だと思うのです。

新しいものを開発しよう、クリエイティブなことをやっていこうという場合には、会議の運営方式を変えなければならないと思っています。そのような理屈っぽい、ネガティブな考え方をする人というのは、会議の場ではおじゃま虫ですから、そのような人にはあまり出てもらいたくないのです。そこには多少頭がよくないとしても、陽性で明るい人ばかりを集めて、何でも言い合ってもらうことが要るわけです。つまり、新しいことをする場合には、最初はポジティブな考え方をする人だけを集めて、ネガティブな考え方をする人は入れないことが必要だろうと、いつも思っています。

しかし、会議の場へ出てきて空想や夢を語っている人でも、実は自分でも実現不可能な夢だと思っているようであっては困るわけです。会社の中で、仲間たちと一緒にチームワークを組んでやればできそうだと信じていなければいけないという点が、創造にあたって最初の条件として挙げられると思います。

そのことを、われわれの中では「無限の可能性を信じる」と言っていますが、これがまるで口ぐせのようになっています。最近は宗教心などない人がたいへん多くなってきて、「信じる」という言葉があまり使われなくなってしまっていますが、人間はすばらしい潜在能力をもっていることをわれわれは信じています。そのため、いろいろなものにチャレンジができるわけです。

少し話が脱線しますが、シュルンベルジェという多国籍企業があります。この企業は、日本円にすると約一兆円の売上で、約二〇〇〇億円の税引後利益を出しています。石油掘削をする現場に行くと、シュルンベルジェ社のトラックが必ずと言っていいほど来ています。シュルンベルジェ社は石油掘削現場の地殻の中の油層の判定をする企業で、全世界の石油掘削現場では九〇%のシェアを占めているといいます。シェルやモービルであろうと、世界の石油会社は、シュルンベルジェ社を使わなければ、最終的に現場で石油掘削ができないというほどの企業なのです。

われわれとシュルンベルジェ社とは取引はまったくないのですが、先々月の下旬に、そのシュルンベルジェ社のジャン・リブーという社長と役員の方々と、私と京セラの役員で、電話さえあまりかかってこないところで会合をしようということで、アメリカの閑静な場所で三日間ほど缶詰めで話し合いました。インターナショナルなビジネスをやっていく場合に、トップマネジメントはいかなるフィロソフィ、哲学をもたなければならないかということを研究しようという会合でした。

そのときに私はたいへん感銘を受けたのですが、そのシュルンベルジェ社は、エレクトロニクスの最先端を行く非常に合理的な企業でありながら、「信じる」ということが会社のモットーになっているのです。それを八万五〇〇〇名を超える従業員全員が実践していて、あらゆるものに取り組む際に、「信じる」ということを規範としているのです。

製品を開発したり、夢を描いたりする場合に、「成功できそうだ」「つくることができる」ということが信じられないと、真剣にはなりません。「やってみるけど、どうかな」というようなことでは、決してうまくいきません。「やってみなければわからないから、やってみよう」という程度では、できない可能性のほうが高くなります。つまり、何か物事を創造し、それに賭けていく場合には、それをやる人々は必ず、それができると信じていなければならないと思っています。

楽観的に目標設定する

　われわれが製品を開発していく場合には、そのようなポジティブな考え方ができる人、無限の可能性が信じられ、次から次へと夢が描けるような人と会議をして、物事を決めていくわけです。その際に、私は「とんでもない発想でもいい」と言っていますが、実際にとんでもない発想をしたのはここ二年ほどからで、ごく最近のことです。それまでは、私もたいへん怖がりで、われわれがもっている技術の延長線上にあるもので発想するように限定をしていました。つまり、いささかでも自信をもっている技術分野の応用に限定をして、夢を描くように発想していたということです。

　最近ではそういうことにはあまりこだわらず、われわれの業種や技術にまったく関係のない発想を社員にさせるようになっていますし、私自身もそうするようにしています。とはいえ、やはり安全を考えると、自分たちがもっている技術の延長線上で考えることが無難ではないだろうかと思います。

今お話ししたのは、創造をする場合には、まさに空想で結構なので、最初に自由な発想をするべきであり、それを制約するネガティブな考え方をやめて、ポジティブな考え方をするべきだということです。それは同時に、超楽観的な立場に立って物事を考えるということです。悲観的な考え方にとらわれないことが、まず大事だろうと思っています。

なぜ私がそのことを強調するか。

日本は戦後から今日までたいへんな発展を遂げていますが、それは、われわれ日本人の与えられた目標を遂行していく能力がすばらしかったからです。例えば、海外から技術を導入して、それをもとにして、立派なものをつくり上げていくというような能力はたいへん高かったわけです。

一方で、日本人には目標設定能力というのがあまりないと言われています。目標設定をする場合に、たいへんネガティブで悲観的な考え方をすると、どうしてもいい発想が生まれません。目標設定をする場合には、必ず楽観的な立場に立って考えなければならないのですが、そのあたりが日本人には足りなかったのではなかろうかと思っています。まさに、現在の日本の産業界は、この目標設定能力を問われているのではないだろうかと思います。

夢を描いて開発し、世界ナンバーワンに

そこで、今お話しした夢を描くということについて、われわれがどのようなことをやってきたかというと、例えば、われわれは現在、太陽光から直接直流の電気を発生させる太陽電池の生産をやっています。これはシリコン半導体の技術を使ってつくるわけですが、この技術はわれわれが開発したものではありません。約七〜八年前にこの研究に着手をしましたが、今までに二五〇〜二六〇億円を投資して、やっと市販を始めた程度で、もちろん、まだペイはしていません。

これは本来ならば、半導体メーカーである日本電気、日立、東芝のような会社がやっているのが普通で、セラミックスを扱うわれわれがそのようなことをやってうまくいくとは、誰も思っていませんでした。しかし、現在ではシリコン半導体の太陽電池の生産では、相当苦労しましたが、われわれが世界ナンバーワンになっています。

シリコン結晶を使って太陽電池をつくっているのですが、シリコン結晶をつくる過程は、われわれがセラミックスをつくる結晶技術とまったく同じです。従来、半導体に使うシリコンは、チョクラルスキー法という方法でつくられた半導体のシリコンの結晶を切って使っていました。一方、われわれはシリコンの多結晶体を溶融させ、そこから、紙のように薄いリボンを結晶として連続で引き上げていくという技術を使って、後加工を何もせず、そのまま不純物の拡散をして、PNジャンクションをつくって太陽電池にするという方法で、ずっと研究を進めてきました。現在では、シリコンの溶融状態から、たいへん薄いリボン型の結晶を成長させ、連続してその結晶を巻き取ることに成功しています。

そのようなシリコン半導体の処理を行って太陽電池をつくっているのも、われわれがセラミックスの結晶技術の研究で主に扱っているのが、酸化アルミニウムの結晶体だからです。酸化アルミニウムの結晶体というのはサファイアのことです。サファイアの単結晶の連続引き上げ技術を完成しているので、その技術でシリコンのリボン状結晶も引き上げられるはずだと考えて、太陽電池に目を向けていきました。今後エネルギー危機が必ず来るであろうという予想と、石油一辺倒であるエネルギーソースが必ず多様化していくであろうことを見据えて、中小企業ではあるが、わずかでもいいから、エネルギー分野の一角を占めたいと思ったのです。

今後は石炭にも依存するであろうし、あらゆるものにエネルギーソースが多様化していく中で、今までエネルギーとはまったく無関係であった企業でも、努力次第ではその一角を占められる可能性が出てきます。だからこそ、エネルギー分野に乗り出すために、何か方法はないだろうかと考え、その中で、結晶技術ならどこにも負けないのではないだろうかと思ったのです。

われわれの結晶技術を使えばどんな方法があるか。一〇〜一五年ほどのスパンで、どのような時代が来るのだろうかということを思い描く中で、われわれの技術の延長線上にあるものでどのような役割を担えるかを考え、太陽光発電という方法があるという発想に至り、研究を進めてきたわけです。

私が太陽電池をやろうと言ったとき、すでに日本では日本電気を中心に太陽電池の事業化を進めていて、灯台や海上保安庁のブイ、または日本の人工衛星の電源に使うようなものがつくられていました。つまり、決して新しいものではなく、大手メーカーが先行してやっておられる中で、われわれは太陽電池の開発、量産に乗り出そうとしたのです。

その場合に、先発メーカーを上回るテクノロジーというものは何なのか、そして、それにわれわれが賭けていけるかどうかということが問題になります。実は、われわれが新しいことに乗り出していく際にも、結晶技術があったにしても、あまりにも自分たちの現状の仕事から離れ過ぎている、専門の技術屋も払底しているというような、いろいろな問題があったのですが、それはあまり気にはせず、「太陽電池をやりたい」という思いだけで、開発を決めてやってきたのです。まだ十分に成功

していると は言えませんが、現在、世界中のマイクロウェーブの中継施設では、われわれの太陽電池が電源として活躍しています。

また、われわれは同じ結晶技術を使って、クレサンベールというブランドで、エメラルド、アレキサンドライト、ルビー、オパールなどの再結晶宝石をつくって、宝石の事業分野に乗り出していますが、これも同じような発想から始まったものです。

また最近では、皆さんの仕事とも関連があるのですが、自動車のエンジンをセラミックスでつくりたいと毎日のように言っています。自動車の専門家から笑われていますが、なんとかセラミックスでエンジンをつくりたいと真剣に思い、エンジンダイナモを四、五台工場に並べて、何もわからないなりに、セラミックスで加工したエンジンを連日一生懸命動かしています。愚直に夢を描いて、一生懸命やるのが開発の始まりであり、それを許す雰囲気がわれわれの会社にはあります。

実行段階では、ネガティブに構想を見つめなおす

しかし、そのように言うと、技術屋の人が勘違いし、無理難題を言ってくると困るため、やはり研究開発は会社の方針に沿ったものでなければならないことと、想定できる範囲内で原価計算などもし、採算を考慮しなければならないことを伝えて、歯止めをかける必要があります。技術屋としては面白いかもしれないが、企業としてまったくメリットがないようではいけません。企業が研究開発をするのは、もうかるという見込みがあるからです。技術屋の夢のままに、付加価値が高いものができればもうかるであろうといっても、そこには自ずから限界があろうかと思います。やはり、会社の方針に沿うことと、確実に採算が合うことは、最低限必要だと思います。

そこで、自由に空想をし、夢を描き、これをやろうと決めたことを実行に移す段

階は、それまでの発想とはまったく逆です。たいへんネガティブな考え方をする、つまりインテリタイプの人に出番がきて、これからやろうとすることがどれだけ難しく、どれだけたいへんなことなのかを挙げてもらうのです。ゴーサインが出て、やると決めてしまってから、ネガティブなことをすべて挙げるのです。そして、そのような困難があるということを承知の上で、今度はそれをどのように克服し、研究開発を成功に導くかという、ポジティブな考え方を始めるわけです。研究開発がどれほど難しく、どれほどたいへんかということを考えるときには、インテリタイプの人に超悲観的に障害となることをすべて挙げてもらう。続いて、もうゴーサインは出ているため、それだけ難しいということを前提に、今度はそれをどのようにして克服し、成功に導くかというポジティブな発想をしていくわけです。

そのようにして実行に移していき、後はご承知のとおり、試行錯誤を繰り返して研究開発を進めていくわけですが、ネガティブなことをすべて挙げておかないと、研究開発を進めていくのがなかなか難しくなるのです。やると決めたものがなかなか完成せず、研究開発の資金だけを食うようなことになります。そのため、最初の発想にしわ寄せがきます。あまり資金もかからず、特別な能力も要らずにできそうなものをやろうという、たいへん萎縮した発想に閉じ込められてしまうのです。

空想のような発想で決断をして、ネガティブなことを考え尽くさずに実際の研究開発に着手してしまうと、うまくいかないケースがあまりにも多いため、もともとのポジティブであるべき発想の方にしわ寄せが来るのです。ですから、難しいものを研究開発しようと決めて、それを成功させるために必要なものは、まずは悲観論を並べ立てて、それを前提にどのように乗り越えるかというポジティブな考え方をした上で、試行錯誤を繰り返すことです。このときに、たいへん重要な問題があるのです。それは、研究開発に携わる人のもつ人間性です。

熱意が物事の成否を決める

私は技術屋ですが、技術屋である前にすばらしい人間でなければならないと、いつも思っています。研究や技術開発をする場合でも、セールスの手伝いをする場合でも、もちろんトップマネジメントをする場合でも、プロフェッショナルな人間である前に、すばらしい人間でなければならないと思っています。

例えば、研究開発をしていく場合に、最初の発想自体が夢を見るようなとてつもないもので、そこから目標設定をしていればいるほど、日常の研究開発において、たいへん困難な状況に遭遇します。どこからどのように攻めていったらいいかわからないようなことも、起こってくるわけです。だからこそ、状況がどれほど困難な中でも耐えて成し遂げていくことが、必要になってくるのです。

結論を言うと、研究開発を進めていくにあたって、プロジェクトリーダー、およびその下についている人々の熱意が重要になります。熱意は意志と言い換えてもいいかもしれません。それと、その人の人間性、すなわち考え方、さらには能力の三つのファクターで、パフォーマンスは決まると思っています。さらに言うと、その三つのファクターがすべて積でかかった状態、つまり、能力×熱意もしくは意志×人間性、つまり考え方で決まると思っています。

われわれが仕事をしていく上で、研究開発などの場合には、とかく能力が最も先行すると誤って理解しがちですが、そうではありません。能力というのはどちらかというと、標準ぐらいあるだけで十分かもしれません。もちろん、標準より高ければなお結構です。しかし、能力以上に大切なのが、やはり人間性、つまり考え方と、熱意もしくは意志であり、これらは研究開発も含めて、物事を成し遂げる場合に一番効いてくるような気がしています。

まず超楽観的に発想し、実施段階では超悲観的に物事をとらえて、そしてそれを乗り越えようとポジティブに考えなければならないと言いました。実際にテーマを決めて、ある程度の予算をつけて研究開発を始めると、リーダーの人間性が大きく物を言うのは、皆さんもすでに多く経験されていることと思います。例えば、たいへん楽天的なリーダーがいたとします。楽天的ということは、いくらかラフなタイプでもあるため、そのような人が引っぱっていくと、実験計画を組んでいく場合でも、ロジカルに組めていないため、どうしても抜けがあります。クリエイティブなことをやるということは真理の追究であるため、そのようなラフさがあるようでは、どうしても突き詰められません。

一方、たいへんロジカルに実験計画を組んだとしても、とても神経質で勇気に乏しいという人だと、常におどおどしているためか、勇気をもった人から見ると、もう実際にはでき上がっているのに、どれだけやってもできていないような感じがしてしまいます。研究開発とは、さまざまな条件をランダムに組み合わせて実験をやっていくため、マトリックスを常に頭の中に描いていなければ、わけがわからなくなるのです。全体を俯瞰してロジカルにまとめてみると、その中にもうでき上がっているものが見える場合があります。つまり、全体の中からエッセンスを抽出する能力を、皆さんはおもちだと思います。実験の結果をずっと調べてみて、それをすべてロジックで組んでいくと、「ここのところでできた上がっているのではないか。これとこれを組み合わせたら、次は必ずこうなるはずだ」ということが見えるはずなのですが、あまりに神経質で勇気に乏しいタイプだと、それが見えません。すると、余計不安になって、さらに実験を続けていき、ますますわからなくなってしまうというパターンになるのです。

また、常に日の当たる場所にいたがるような、いわゆるいい格好をするタイプの人だと、実験をどんどん進めていって、少しはうまくやっているけれども、どうも自分でも満足しないと思いつつ、重役に発表するときには、相当うまくいっているような表現をしたがるのです。最初は、「どうせうちの役員は、技術屋ではないから何もわかっていない。うそを言うつもりではないけれども、ここでちょっといい格好もしなければ、自分の評価も悪いし、次の予算も出そうにない」と考えて、人をだますつもりではなく、「これは事実と違うけれども」と思いながらうそを言うのです。そして、一度うそを言っていい格好をすると、それが仇になって、今度は自分がそのうそに引っかかってしまいます。そのように、常にいい格好をしなければならないあまり迷路に入ってしまい、真実を見出せなくなるというご経験が、皆さんにもあると思います。さらに卑怯なタイプの人でもあると、どうしても自分が実験に失敗したと言いたくないため、こじつけでもなんとか理屈をつけたいと考えて、ますます真実から目をそらす形になっていきます。

なぜ今、そのようなことをお話ししたかというと、まさにその人がもつ人間性や考え方が、実験結果を評価していく場合に、たいへん大きな差になって表れるからです。ですから、能力よりも、その人がもっている人間性のほうがもっと大事だと思います。そのような点から、すばらしい研究者や技術屋である前に、すばらしい人間性をつくるということがまず必要なのではないかと思っています。

研究を始めていくと、なかなかうまくいかないことがよくあります。先ほどお話しした再結晶宝石は、粗悪なエメラルドがたいへん高く売られているため、「結晶学はわれわれの専門分野だから、天然とまったく同じエメラルドを人工で安くつくれば喜ばれるのではないか」という幼稚な発想で研究を始めて、成功するまでに五年もかかりました。研究開始から三年がたった頃、お金ばかりかかるので、もういい加減にやめようと思って、「そろそろやめよう」と言うと、担当者が結晶の少し大きくなったザラメのような石をもってきて、「ここまでできました」と言うため、「これは成功できるかもしれないな」と期待をしました。しかし、また一年待たされて、「やはり駄目か」と思って、「もうやめよう」と言うと、今度はザラメよりも少し大きくなったものをもってきましたので、もう少し待とうと思いました。なかなか結晶が成長せず、五年も引っぱられた結果、ついに成功することができました。研究開発というものは、そのようにたいへん時間がかかるものが多いのです。その中で、研究開発を担当している人々が、社長や役員からモチベートされて続けているというのでは駄目なのです。やっている本人が、自分で自分の心に鞭打ち、自分を励ましていかなければならないのです。自分をモチベートしていくものは何かというと、研究にかける熱意であり、情熱です。それが先ほど述べた三つのファクターのうち二番目の「熱意」なのです。

念や思いが成功に導く

話が少し脱線しますが、私のことが書いてある本の中に、私が旧制中学に行く前に、結核にかかって死にかけたとき、近所の奥さんがある宗教の本をもってこられて、読ませてもらったというくだりがありました。その本が出版されてから、その宗教団体から「あなたはうちの宗教の本を読んで病気が治って、今日成功しておられるようですから、ぜひうちの全国大会で話をしてください」という依頼がありました。そのように言われてみると、何もしないとバチが当たりそうで、少しはお返しをしなければならないと思い、先般、その宗教団体の全国の信者の方々の集まりで話をすることになったのです。ちょうど一〇〇〇名ほどの信者の方々が参加され、そのときに、先ほどお話ししたような人間性や熱意のお話をしました。集まった方々は、なんとかしてその宗教が説く人間性をもつ人間でありたいと思って、教えを信じ、努力を重ねておられると思うのですが、私は「心を美しくきれいにして、行いを正しくしていても、事業というのはなかなかうまくいきません」と言いました。

私のようなものはめったにないケースであり、普通の人はきれいな心で一生懸命真面目に仕事をしても、なかなか成功しません。そういう人がいるのに、世の中では心があまりきれいでない人が成功するさまをよく見ます。すばらしい考え方、すばらしい人間性や心をもてば、世の中は幸せになっていくと宗教も神も説いてくれているのに、なぜそのようにならないのだろうか。集まった皆さんも不公平だと思っておられるだろうと思い、そのように言ったのです。

心のあり方というものは、実は成功には直接関係がないのです。私は先ほど、物事を成功に導いていくプロセスでも、人間性が大切だと言いました。しかし、人間性は判断力のようなものには影響しますが、成功そのものにはあまり影響がないのです。物事を成功させていくためには、念や思いが大切なのです。この念や思いが、先ほどお話しした熱意と意志、情熱、あるいは願望です。「このようにありたい」というすさまじい念や願望が、自分自身をモチベートする最大のエネルギーなのです。

成否は願望の「強弱」で決まる

事業を行う場合に、とかく心がきれいでない人のほうが成功する例をわれわれはよく見るのですが、それはなぜか。これから申し上げるのは、たいへん独断と偏見に満ちた、いい加減な断定かもしれません。

例えば、事業の目的をお金もうけだと考える人を仮定してご説明します。一般には、ある程度の教養があり、人間性もある人だと、お金もうけをしたいと考えた際に、他人がどうなっても自分だけがもうかればいい、などということにはなりようがありません。なぜならば、「私はそこまでしてお金持ちになりたくない」という良心があるからです。逆に「人を泣かそうと、人に恨まれようと知ったことか。おれは金が欲しいのだ」と考えるような、人間性も教養もない人のほうが、お金もうけが早いのです。なぜならば、その思いというものが、すさまじくシャープに強く出ていくからです。「そこまで一生懸命にやらなくても」と思った瞬間から、パワーが落ちていくわけです。だから成功しないのだと思います。ましてや中途半端に宗教などを信じて、いい心でありたいなどと思っていると、なおのこと「まあ、そこまでしなくても」というようなことになってしまうのです。

ですから、セルフモチベーションを行う際に、どこに焦点を絞って動機づけをするのか、どこに目的を置くのかという問題が、たいへん重要になってきます。物事を成功させていくのは、まさにその念や願望であり、成功とはその強弱で決まるというお話をしたら、集まった皆さんはわかったようでわからない感じではありましたが、喜んでおられました。

それは、私がこのようなことを言ったからです。なぜわれわれがよく、念や思い、願望や熱意、意志などということを言い、岩をも通すような強い意志がものをつくっていくと聞いたりしているのか。私は仕事をするとき、気が狂ったようになって、ある物事の一点に絞って考え込むわけです。一番長く考えて、一つの技術のことを四日間ほど考えていたこともあります。もちろん夜は寝ているのですが、寝ても覚めても、会社に行ってもそのことばかり考えているわけです。このようなことはたいていの人ができないのですが、そのようにすさまじいほど集中することが必要なのです。では、気が狂ったように集中して物事を考えていく上で、そのエネルギーの源は何だろうと考えたときに、これまでのいろいろな経験から、やはり念だと思うのです。心の中にある、「どうしてもこのようにしたい」という願望のような思いが、最もパワーがあるのだと思います。

「思い」が放つ、エネルギーの強さ

これが理屈に合うかどうかはわかりませんが、神がかり的なことを言っても、誰も信じてくれませんから、具体例をご説明したいと思います。

例えば、最近太り過ぎの人が多いため、海外はもちろん日本でも、朝晩にジョギングをする人が増えていますが、医者に診てもらうと、「朝晩二キロ程度走ってみても、体重は減りません。エネルギーの摂取量のほうが多いわけですから、その程度の距離を走ってみても、あなたの体重が減るようなエネルギーは消費できません。それよりも、やはり食べ過ぎないことが一番です」と言われるかと思います。そのようなことは、皆さんにとっては常識だと思いますが、朝晩二キロ程度走ってみても体重はあまり減らないというのに、例えば、奥さんや子供が死にかけているというときに、ものすごく心配で徹夜で看病をすると、一晩だけでげっそりと痩せてしまうということがよくあります。つまり、心の中でものすごい心配をするときに、体は動いてもいないのに膨大なエネルギーを消耗するのです。

われわれは化学が専門ですが、身の回りにある森羅万象が原子でできていると化学者は考えていました。しかし、ウランの同位体に中性子を吸収させると、エネルギーを出して、いわゆるプルトニウムという原子に変わるということがわかりました。また、三重水素と重水素がくっついて核融合し、ヘリウムの原子核になるときに、三重水素の原子核の中にある、二つの中性子の一つがなくなり、ものすごいエネルギーを出すのです。

原子の中には電子と原子核があり、その原子核を構成するものとして、陽子と中性子があり、陽子と中性子を構成するものとして、素粒子がありますが、現在、研究が進んで、素粒子がさらに小さい粒子で構成されていることがわかっています。この世の中のあらゆるものを構成する素粒子は、核融合反応で放出されるような大きいエネルギーをもつと言われているため、われわれの目の前にある森羅万象は、すべてエネルギーの塊と言えるのではないかと思います。

そのエネルギーが最も発散する方法は、一心に思い詰めていくということだと思っています。おそらく、昔の人はそのようなことを知っていたのかもしれません。憎い相手を呪い殺すと言って、夜中に神社でわら人形に五寸釘を打つという話を世間でよく聞きますが、私は人を呪い殺す可能性というのはありうるだろうと思っています。やはり、そのくらいすさまじいエネルギーが出るのです。

また、親と子が遠く離れているにもかかわらず、夢の中で親が亡くなるときを教えてくれるなどということもありますが、それは死ぬ間際の精神状態から出る強烈な念のようなものが、子供に届くのだろうと思います。つまり、思いというものはそれほど大きなエネルギーをもっていると、私は思います。

物事に取り組む際にエネルギーを一〇〇%出すには、ど真剣な状態を維持していくことが求められます。研究がうまく進まない、または、いろいろな外的環境が変わると、心が揺れ動くからです。「このようなばかなことをしていてもいいのか。幹部からはよく思われていないようだ」とか、「最近は帰りがいつも遅い。家に帰ったら奥さんに怒られる」などと考えて、そのたびに心がふらふらします。そのようなときに、「何を言っている、そのようなことでくじけるな」と自分に言い聞かせ、自分自身でど真剣な状態を維持していくことが大切なのです。

潜在意識を有効に使わなければならない

少し話は脱線しますが、われわれには心をコントロールする方法があります。それを説明するために、自分自身というのはいったい何なのかという問題を考えてみます。肉体がわれわれなのか、それとも心がわれわれなのかと考える人が多いのですが、実は、その二つとも自分自身についているだけのものであって、本当の自分というものは他にあるはずです。

その証拠に、心が自分だとすると、本能のままに動く心もありますし、理性のままに動く心もあります。そのような形で、心は環境条件などのいろいろなものに反応を起こして、揺れ動きます。そのときに、自分をコントロールするものが意志です。「ブツブツと不平不満をもらさなくていいではないか。辛抱しようではないか」と言って、揺れ動く心に対して自分の意志で歯止めをかけることができます。

では、意志を使って、自分の揺れ動く心に対して、誰が言い聞かせたのかというと、それは、皆さんそのものなのです。心のままに動くのではなく、真我というものが支えてくれる意志で自分をコントロールするのです。ですから、環境がどのようにシビアなものになろうと、どのような困難に遭遇しようと、強い意志で心をコントロールして物事に打ち込んでいくというプロセスが要るような気がします。

それを続けていくことが、物事を成功させていくために最も必要な条件だろうと思っています。ですから、先ほどお話ししたように、まずはその人が研究者や技術屋である前に、すばらしい人間性をもっていなければいけません。なぜならば、物事を心が判断していくときに、その人のパーソナリティというものが直接出てくるからです。豪放な人は豪放なまま出てくるため、判断を誤ることにつながるのです。だからこそ、公平な判断ができるような人間性というものを、まず教えるべきです。そしてさらに、その人が研究を遂行していくときの、その研究にかけるすさまじいばかりの強烈な意志や願望を求めていくのです。

そのようなものが自分たちにあり、加えて会社の幹部社員のある程度の理解さえあれば、不可能だと思われるようなテーマを掲げても、やれるはずなのです。自分たちの能力という問題があると考える人もいると思いますが、標準程度の能力しかないとしてもできるのです。どうしてできるかというと、「どうしてもこれをやりたい」と思い詰めているからです。

思い詰めていると、どのようなことが起こるかというと、思い詰めていることが潜在意識に浸透していくのだと、私は当社の社員に言っています。どうやら、その潜在意識というものは、心理学者が言っているように、われわれが日常使っている顕在意識とは別個のもので、普段はまったく働かせておらず、また、それはたいへん大きな容量をもっているようです。ＩＣの用語で表現すると、われわれが日常使っている顕在意識側のビット数よりも、はるかに大容量のビット数をもったものが、潜在意識なのです。つまり、われわれが神から与えられた能力の中で、意識して使っている部分というのはたいへん少なく、普段は使っていない潜在意識の領域のほうが、たいへん大きな容量をもっているのです。

その証拠には、例えば、崖から落ちて死の瞬間を迎えようとしている、あるいは臨死体験をしたときに、走馬灯のようにいろいろな思い出が蘇ってきたという話を聞いたことがあると思います。そのような瞬間には、顕在意識の方ではなく、潜在意識に蓄積された思い出というものが、ものすごいスピードで流れ出てくるのです。

われわれは意識していませんが、思い詰めたものはすべて、大容量の貯蔵庫のような潜在意識のほうに入っているはずです。ですから、潜在意識を作用させるほど思い詰めると、例えば、目が覚めたり、何かまったく異なることをやったりしているときに、アイデアがひらめいたりします。つまり、まったく関係のないことを考えているのに、「ああ、そうだったのか。こうやったらいいかもしれない」というアイデアが思い出されたりするのです。その頻度が非常に高くなるほどまでに、潜在意識というものを有効に使わなければならないと思います。潜在意識はわれわれの想像を超えるほどの力をもっています。ある時点では能力がなくても、「このような技術があったら、ここのところでこう攻めるのに。教えてくれる学者がいないかな」と思っていると、「学生時代に会った、あの先生のところに行ってみよう」というようなことをふと思い出すなど、能力を補うような創意工夫がわいてくるのです。

すべての研究は、自分の能力だけではなく、多くの人々の能力、知恵を借りなければできません。そのような場合でも、すばらしいひらめきを働かせることができるわけです。ですから、先ほどもお話ししたように、能力の部分は標準以上あればよいのです。後は、掛け算の二番目の要素である熱意、願望の部分をどのように強くするかという問題です。そしてさらに、三番目にくる考え方、人間性という部分を、どのようにつくり上げていくかということのほうが、新しい開発をするには必要ではないだろうかと思っています。

営業にも「創造」が求められる

先ほど、研究に取り組む場合だと、最初の目標設定をするときには、超楽観的に物事を考えるべきですと言いました。悲観的な状態で企画会議を行うと、研究が最初から頓挫することになります。次に、計画を実行に移すときには、まず悲観的なことをすべて羅列し、それを承知の上で研究を進めます。そして、研究を遂行していくために、先ほど、能力、熱意、考え方の三つのファクターのうち、能力を除いた二つのファクターをいかにして最大値にもっていくかということが必要だとお話ししました。そうして研究を進めていくと、完成させることができます。

われわれは技術屋ですから、「創造する喜び」というと、そこまでできただけでたいへん喜んでいいのかもしれませんが、企業の場合にはそうではありません。確かに技術屋としてはたいへんな喜びではありますが、研究が完成することで喜ぶだけでは企業に貢献ができないわけで、それが市場に出て売れるということが大事なのです。

私も技術屋なものですから、そこまでがんばってでき上がれば、もういいと思っていたわけです。ところがそうではないのです。できたものをマーケティングした上で、セールスをすることが必要なのです。

しかし、われわれ技術屋から見ると、それは何でもないことのように思えます。例えば再結晶宝石にしても、始めてからの五年間、本当に夜も寝ないで、土曜、日曜もないほどに研究に没頭して、やっとでき上がったものです。それは技術屋としてたいへんうれしい結果であって、それを営業に売れないと言われると、「われわれの苦労からすれば、たやすいことではないか」と思いがちなのですが、そうではないのです。それまでの具体的なものを研究するという、ハード面での創造とまったく同じだけの難しさが、マーケティングやセールスという形のないソフト面にもあるわけです。

東芝でも日立でも、どこの会社でもそうなのですが、中央研究所でテーマを研究して、苦労してなんとかできたものを営業にもっていくと、営業部長などから「このようなものは売れるわけがないではないか」と、一発で否定されます。なんとか売ってくれるように頼んだとしても、「売れやしないと思うが、しょうがないから売ってやる」というような姿勢で売られると、売れるものも売れないわけです。そのように、ものを売るときも、ものを創造するときと同じような問題が出てくるのです。

いざ売り込みを実行に移すと、先発の製品もあるし、同業他社が少し毛色の変わったものを出しているなど、いろいろな問題が出てきます。技術のほうからは、これはいい品物だと聞いたけれども、同業他社と比較するとそうでもないような感じがして、売れないのではないかと思ってしまいます。しかし、そのような問題をすべて挙げて、どのようにして売っていこうかということを、研究をやった人間と同じパターンで営業が考えていかなければなりません。そのときに、その営業を遂行していく人の考え方、人間性と、意志というものが、同じように必要になってくるのです。

つまり、企業を立派に成長させて永遠に繁栄させていこうとすれば、新製品が次から次へと生まれて、それがたくさん売れていくことが必要になるわけです。また、そのようなことをやっていくのが、企業に住むわれわれ技術屋の任務であり、開発した新製品はどうしても売れなければならないのです。

つまり、新製品が売れて、業績が上がり、それで利益が出せるようになって研究開発は完了するのです。難しい新製品を研究開発して売ったのですから、当然の如く、創業者利潤のようなものが企業に入ってしかるべきであり、それが企業の繁栄をもたらしていくもとになります。ですから、ものを創造すること、つまり研究開発は営業へもっていったからそれで完成ではないということ、営業の分野にも研究開発を行う場合と同じようなパターンが要るということを頭に入れ、常に心がけなければならないと思います。

マーケットを創造した再結晶宝石事業の事例

先ほどもお話ししましたが、われわれには再結晶宝石を五年もかかって一生懸命研究したという経験があります。当初はなかなか大きくならなくて、やっと一カラットや二カラットのエメラルドが取れるような結晶が成長してきました。その六角柱状の結晶は、不純物をどうしても巻き込んでしまうため、緑色の美しい部分を取ろうと思っても、一〇カラットや二〇カラットの結晶の中から一カラットや二カラットぐらいしか取れないというのが現状です。それでも、宝石ができたときに、研究に携わった社員に「私もいい加減途中でやめようと思ったけれども、辛抱したかいがあった。これも君たちががんばったおかげだ」と言ってねぎらいました。

そして、その日に京都の経済人の会議があったため、その宝石を薬包紙に包んでもって行きました。ワコールという女性下着をつくっている会社があるのですが、塚本幸一《つかもとこういち》社長にはたいへん懇意にしてもらっており、また彼は女性向けの製品を扱う事業家でもあるので、一度見せて感想を聞いてみようと思ったのです。会議が終わった後の夕食会で見せたところ、塚本さんがびっくりして、その横にいた芸妓さんなども、「わあ、すばらしい」と言っていました。塚本さんからも「これはなかなか立派な宝石だ。おまえは錬金術のようなことをするではないか。このようなものができれば、京セラの株はまだまだ上がるよ」と、たいへん褒められました。そして私に、「一個だけ貸してくれないか」と言われ、女性の友人たちに見せて回ったらしいのです。

ところが、一週間ほどして返しに来たときに、「全然売れないと思う」と言われました。「なぜですか」と問うたところ、女性の友人に聞くと、「このような石をつくったやつを殺してやりたい」と、みんな言ったそうなのです。例えば、天然のエメラルドをもっている金持ちの友人に見せたところ、われわれがつくった石が天然のものよりも安く売られたのではたまらないと言って、買ってくれるどころか、「つくったやつを殺してやりたい」と言ったというのです。塚本さんからは、「だから、おまえは生命保険にでも入ったほうがいいぞ」というようなことを忠告されました。

実際に、こんなにいい石ができたのだし、ミキモトが養殖真珠をつくって大成功をしておられるのだから、売れないということはないだろうと思って営業に回っていましたが、天然の宝石を売るお店はどこも扱おうとしなかったのです。「当社は長年続く由緒ある宝石店で、天然の宝石を扱っており、人工のまがいものは扱いません」と言われました。人工というと、日本ではイミテーションと同意語です。私が、「人工でつくった本物です」と言うと、「本物というのは天然のものに限るのであって、人工でつくった本物などとややこしいことを言われると困ります」と言われるのです。さらに私が、「本物というのは、中身が正しいもののことで、天然にも人工にもそれぞれ本物があります。中身が同じであれば、それが天然のものか人工でできたものかというだけの違いなのです」と答えると、「ますますわけがわからない」と、まるでわれわれがインチキ商法をしているかのように言われ、誰も売ってくれなかったのです。

そのうち、これはマーケットのニーズを受けて開発をせずに、いわゆる技術屋の趣味のような、われわれのシーズで開発をやってきた、最も悪いパターンだと思うようになりました。普通はもうそれでお蔵入りです。昨日まで褒められていた研究者も、「売れもしないものをつくって、おまえはばかか」と言われて、努力が水の泡になるわけです。上の人間が理解のない人だと、今の宝石のケースは、九九％撤退です。五年間も費やしたのに、「このばかやろう」と言われてお蔵入りになっても不思議でないほど、本当に売れなかったわけです。

そのうちに、毎月五〇〇〇カラットずつ買いましょうという人が現れましたが、それをどこかでさばいて食っていこうという、見るからに品がない人相の悪い人ばかりなのです。心の中であまり品のないことを年中考えている人は、顔を見ればだいたいわかります。そのような人たちに売ったのでは、会社の体面に関わるため、それはできませんし、かといって他に買い手がないので、困り果てました。

私はそのときに、計画段階での発想は楽観的に、実行段階では悲観的に考えるということは、マーケティングやセールスでもまったく同じはずであると思ったのです。

実は、そのときに思いあぐねて、ミキモトにわれわれの営業部長を行かせました。「あそこは、創業者がクリエイティブなことをされた会社なのだから、そのような伝統が脈々と残っているかもしれないし、『いいものをつくられましたね。ぜひうちで販売させてください』と言ってくれるかもしれない」と思って行かせたのですが、結果はまったく反対で、「こんな人工のまがいものは扱えない」という返事でした。やはり代が替わると全然違うのだなと思いました。おそらく、創業者の御木本幸吉さんが養殖真珠をつくったときにも、同じようにインチキ商法やまがいものと言われたはずであって、歴史をひも解いてみると、御木本さんは日本国内やヨーロッパで訴訟を受けるなどのたいへんな苦難を乗り越えて普及していかれたのです。しかし、現在の経営陣にはそのようなクリエイティブなことを行う姿勢や、チャレンジ精神というものが感じられないようなのです。

たいへん困り果てた挙げ句、私は「自分たちでやろう」と言って、研究開発に五年間かけたのと同じ発想でセールスに取り組み始めたわけです。

われわれは残念なことに、不特定多数のお客様に対する営業ノウハウはないに等しいわけです。電子工業用のセラミックスを扱っており、日本電気や東芝のような大手の電機メーカーや、海外でもテキサス・インスツルメンツやGEなど、特定の会社に納めているため、そういった形での営業ノウハウとルートはもっていても、不特定多数の一般のお客様のところに行ったことがないのです。世界中の電子工業メーカーに一社一社売ったとしても、すべてダイレクトセールスなので、それほどたいした営業の人間が必要なわけでもありません。ですから、一般大衆に売る方法などまったく知らず、流通に対しても素人なのです。

ましてや、最も華やかなファッションの最先端を行く宝石の世界のことなど、知るはずがありません。しかし、それでもやってみようと考えて、先ほどお話ししたようなこととまったく同じパターンで、まず「なんとしても売ろう」と決めて、周りが「売れない」と言うのであれば、自分たちでじかに売ろうではないかと思ったのです。

しかし、女性下着やファッションの最先端を行く塚本さんから、「おまえのように技術屋で野暮ったいやつが、女心をくすぐるようなことをやっても、誰も惹かれるわけがない。これは売れない」と烙印を押されたものを自分たちだけでやろうと決めても、「社長、これをなんとしてもやりましょう」と言う人は、社内にも誰もいないのです。そのようなときはとても悲しくなります。せめて、おべんちゃらでおっちょこちょいであっても、「やりたい」と言う人が一人でもいたらと思って、いかにこれが研究と同じ手順を踏めば売れるかということを一生懸命説明したところ、何日かかかりましたが、幹部の中で何人かが、「これはいけるかもしれません」と言い始めました。その中で、一番先に同調した人をプロジェクトリーダーに抜擢し、宝石の販売部門を分離独立させて、クレサンベールという会社をつくりました。

プロジェクトリーダーに抜擢した人は、京都大学出身で、ちょうど私と同じ年齢でした。情熱家で、たいへん熱心に、必死になって売り始めましたが、なかなかうまくいきません。同時に、その人は中途採用で入社された方だったので、社内では子飼いの役員たちが、「あのようにおっちょこちょいで、調子のいい男に乗せられて、社長は宝石の営業をされるようだ」と心配していました。そんな中、その人が「社長、このようなものを売るには、やはりファッションの中心である青山や六本木などに大きな店をつくるべきです。銀座の並木通りでもいいです」と、まだ何も売れていないものがないのに、いつの間にか時価二億円という物件をもってきて、そこに店をつくりましょうと言ってきたのです。

さらに、「エメラルドグリーンのエーゲ海の砂をギリシャから飛行機で運んできて、それを床一面に敷いてエーゲ海のイメージをつくり、そこにエメラルドを置いて売りましょう」というようなことを言ってきました。「その設計費はいくらかかるのか」と聞いたら、一億円かかると言うので、「そんなばかな、そんな金は出せない」と言いました。結局、銀座に店はつくったのですが、そのようなことばかりやるものですから、古参の幹部たちが「これはえらいことだ。中途入社のあの人に踊らされて、社長は簡単にお金を出すし、今にたいへんな失敗をする」と言って、他の社員たちも心配をしていました。一生懸命、知恵を絞ってやりましたが、もちろん簡単なことではなく、試行錯誤の連続で、誰も成功するとは思っていなかったはずです。

宝石の営業を自分で始めようと決めてから、今年でちょうど六年です。研究開発を五年行ったため、合わせると一一年かかったのですが、粘りに粘って、現在では宝石の出荷だけで前期売上が五〇億円、末端の小売価格にすると一〇〇億円です。今期の出荷目標が年間一〇〇億円で、末端の小売価格が二〇〇億円という予定です。今では、「人工の本物」などということは言わなくても、「クレサンベール」と言えば買ってくれるほどになっています。

不思議なもので、宝石は美しいから宝石なのですが、今までは汚い石を「天然」と称して、いわゆる希少価値があるというだけで売っていました。そのように、粗悪な石を何百～何千万円という金額で高く買っていたお客様方は、そんな高いものをどこかに落としたらと思うと、怖くてはめられないわけです。それに対して、われわれの石は五〇～一〇〇万円という安い金額で、品質がすばらしいのはもちろん、いつもはめていて楽しめるというので、今まで天然のものしか買わなかった奥様方が、真っ先にわれわれの石を買ってくださるようになりました。

それはまさに、存在しなかったマーケットをつくったということなのです。そのようなことを言うと、「マーケットをつくるなど、できるわけがない」と言われるでしょうが、われわれは宝石を自分たちでつくって売っていくために、一億円あるいは二億円というお金をかけて、銀座や京都の四条通に店をつくって販売を始めました。しかし、一軒や二軒では売れはしません。経費だけが毎月かかります。そこで私は、天下を取るときは故事にならおうと思いました。

およそ、昔から天下を取った武将は、地方で兵を挙げています。戦に行ったことのない百姓を集めて刀をもたせて、幟《のぼり》がなければ女性の腰巻を物干し竿にくくりつけて、大軍のように見せて、都へ攻めていきました。私もそのようにしようと思って、宝石と無関係な人を対象に、「今から再結晶宝石を売りたい方を募集します」というようなふれこみで、異業種で結構なので、地方で宝石の販売をする人を求めました。逆に天然の宝石にかぶれた人は、メンタリティが決まっています。これからマーケットを新しくつくろうというわけですから、売り手もまったく新しくなければならないと考えて始めました。

それが今では、北は北海道から南は鹿児島まで、すばらしい代理店網ができています。代理店自身がみんなお得意先をもっているため、次々にルートが開拓されています。例えば、すでに名古屋では名鉄百貨店がわれわれの宝石を売ってくださっていますが、髙島屋などの大手百貨店から続々と、「われわれにも販売させてくれ」と依頼がきています。最近では、天然宝石の宝石店からも、「売らせてくれ」と依頼がありました。

マーケティングや流通というものをまったく知らない男が、そのような夢のようなことをやれるのです。ですから、夢のようなことでいいので、まずはそれをなんとしてもやり遂げるという思いを貫いていくことが大切です。もちろん、すさまじいばかりの意志が必要であり、ある程度はお金を使わなければならないのですが、再結晶宝石の販売に要した費用としては、銀座と京都に開店した際の建設資金などが主にかかった程度で、後は日常の給料などがかかっただけで、他に大きな出費はありません。六年間の営業努力が、年間一〇〇億円というビジネスにまで成長しているのです。まったく不毛だと言われた宝石という分野においてすらそうなのですから、マーケットが存在するような分野であれば、どのようなことでもできるのではないかと思いました。

私自身が化学の専門であるように、それぞれの分野で誰よりも優秀だという自信をもったプロフェッショナル、つまり専門家がいて、流通にもそのような人がいらっしゃいます。私はそう思って、宝石の販売について流通業界にも相談に行ったことがありました。ところが、流通の専門家だという人は、売れるものを売る技術はもっているのですが、売れないものを売る技術はないのです。このことは、たいへん大きな意味があります。

私は、これからの営業部隊というのは、売れないものを売る技術が必要であると考えています。売れないものを売る技術を流通分野に導入すれば、今の流通業界などとは比較にならないほどの進歩があると思います。流通技術の中にクリエイティブなものを入れるのです。ディスカウントハウスやスーパーのシステムなどというものは、流通形態を変えただけですから、そのようなものではなく、発想そのものを変えていくのです。つまり、「売りたいと思うけれども売れない商品を、うちは扱えます」という、もっとクリエイティブな流通をつくるのです。

ところが、その流通分野で売れないものを売ってくれる人がいないために、新しい技術開発が停滞するわけです。たいていの流通業者は、売れるようになってくると売ってくれるのですが、売れない状態のものは売ってくれません。新しいもの、クリエイティブなものを売ろうとしても、それは世の中にないものですから、最初は売れるわけがないのです。本質的には需要があるはずのものを新製品と言うのであって、できた瞬間から売れるものは、少し性能がよくなったような部分的な改良品ぐらいです。それはクリエイティブなものではありません。

クリエイティブなことをやる以上は、マーケットは存在しないはずです。マーケットの存在しないものをわれわれメーカーがつくっていく場合に、それを売ることを受けて立ってくれるような流通の旗頭がいなければならない。そして、それは創造、つまり研究開発に苦労している技術屋がやるのではないかと思っています。それはまさに新しい創造的な仕事だと思っています。

単結晶サファイアの応用事例

われわれは現在、人工歯根、人工骨の研究もしています。一般に、歯が取れた場合、入れ歯を入れるか、歯が抜けている部分の横にある健全な歯を削って、ブリッジをはめます。しかし、ブリッジを架けた両端の健全な歯がだんだん弱ってきて、ぐらついてくると、さらにブリッジを延ばしていくことになります。いよいよ駄目になったときは、歯をすべて抜いて、総入れ歯にするのです。

そこで、われわれはもっといい方法として、単結晶サファイアで歯科用インプラントという人工歯根をつくりました。ネジがついた小さい単結晶サファイアを顎の骨に入れて、ほとんど痛みのない手術を行います。サファイアというものは物質の中で最も不活性で、酸やアルカリにまったく侵されないため、人体の骨の中に埋め込んでも害がなく、骨との親和性がたいへんいいわけです。強固に人間の骨とくっついていくので、その上に人工の歯をかぶせてしまえば、歯茎の上に少し単結晶サファイアが見えはしますが、自分の歯が生えたようになってしまうのです。

同じように単結晶サファイアを使って、腰の関節、膝の関節、肘の関節など、いろいろなものをつくっていますが、これらも日本の整形外科の分野や大学病院の臨床例で、多数導入されてきています。

従来では、金属やプラスチックしか材料として使えなかったものです。例えば、骨折をするとステンレスの釘などの金属で留めますが、骨がつながると切開手術をして、その金属を抜き取るという作業を行います。ステンレスとはいっても、人間の体液は食塩水ですから、腐食をしていきます。ですから、早く抜き取らなければならないのです。他に使われるのはクロム合金ですが、イオンが溶け出すと体内に悪影響を与えるため、これも早く抜き取らなければなりません。プラスチック類を入れると、人体というのはたいへん不思議なメカニズムをもっていて、それを分解して壊してしまいます。つまり、自分と違ったものが入ってくると、それを自分で分解して外へ排出するか、物理的に外へ押し出そうという反応をするのです。

そのような中で、拒絶反応がない上に、細胞の付着がたいへんよく、人体への害が最もないものが、人体とまったく正反対のセラミック材料だということに気がつきました。人体とセラミックスは両極といっても、それは直線的なものではなく、円弧のように曲がっているのではないだろうかと思います。つまり、まったく違い過ぎるものは、実は隣り合わせのような感じがするのです。

現在、人工骨をつくっていますが、これもたいへん苦労しました。まず、医者の先生方にわれわれの論理を説明しました。なぜならば、医者という職業は、特に専門的な分野で、また許認可事業であるため、医療の勉強をしていないわれわれがいくら説明しても、なかなか信用してくれないのです。「セラミックスにはこのような特性があるからできるはずです」と言って論理的に説明をするなど、人工歯根と人工骨の可能性を医者の方々に信じてもらうことにたいへん苦労をしました。その結果、現在では人工歯根、人工骨がかなり使われるようになってきたのです。

また、冒頭で説明をした中に、われわれはアメリカに七つの会社をもっていて、二〇〇〇名の従業員を雇っているという話がありました。これもまったく同じ手法でした。アメリカへ進出するときにも、ＪＥＴＲＯや日本国領事館などに何も相談せずに、二人の営業マンをカリフォルニアに赴任させて、営業を開始しました。もちろん、私も頻繁に渡米して、一緒に営業活動を行いました。そして、営業を行っている中で、アメリカのお客様から工場の売却の話があったのです。「買ってくれ」と依頼されて、本当は買いたくなかったのですが、無理やりお客様に押しつけられたような形で工場を買って運営することになりました。その工場の経営を成功に導いていくときにも、先ほどお話しした、すさまじい意志や情熱でやってきたのです。

このような結果、今全米では、従業員約二〇〇〇名、売上二億ドルという、たいへんすばらしい規模にまで成長をしています。

創造的な仕事をするということ

時間が来たので、本日与えられた「創造する喜び」ということについてまとめたいと思います。創造していく最初の段階は、たいへん楽天的に自由奔放な発想で目標設定をして、それを制約すべき条件というのはあまりつけないほうがいいのです。ただし、それは単なる空想や夢に終わるものではなく、実現できそうだと信じられるものでなければなりません。そのようなものであれば、それをやろうと躊躇なく決めてもいいはずです。もちろん会社の方針にのっとっていなければなりませんし、将来でき上がったときの採算という問題もあります。会社が出しうる研究開発の予算にも制約条件はあるかとは思いますが、それらを踏まえた上で、奔放に発想をすべきなのです。この自由奔放な発想で最初に目標を決めるときが、最も喜びを感じるのかもしれません。

一方、目標を実行に移していく段階というのは、すさまじく厳しい状況が続きます。だからこそ、超楽天的な人間であっても、すさまじい修羅場を耐えて意志を貫いていくという精神状態が必要です。そのような人間性をもった人間にやらせなければ、資金だけを使って何にもならず、初めからそのような研究などしないほうがいいくらいです。

つまり、目標を立てるときには超楽観的ですが、実行に移していくときには、目つきまで変わってくるような、すさまじいばかりの精神状態にならなければなりません。来る日も来る日も過酷な研究をやらなければなりませんので、タフな神経がなければノイローゼになってしまいます。

私もノイローゼの前兆のようなことが頻繁に起こっているのですが、それだけに、自分ですぐ気分転換ができるタイプの人が必要です。酒を一杯飲まなければ気分転換ができないなどというのでは、健康上あまりよくありません。長時間の修羅場を耐え抜くわけですから、パチンコ屋に少し行ったらすぐにいい気分になるなど、自分でうまく気分転換できることが必要です。そのように、お金や時間がかかる気分転換ではなく、ごく簡単に自分の気分転換ができる手法が要るのです。

そのような人が自分の意志を貫いていくと、研究開発は必ずできます。できないわけがないのです。それは、できると信じたわけですから、できるまでやるわけです。笑う方もおられると思いますが、その意味ではやはり、できると思うことが大切なのです。

今お話ししたようにすれば、創造をはたし、創造する喜びというものが感じられると思います。

「思う」は最大のエネルギー

最後に、「思い」ということの大切さを理解していただくために、少しお話をします。

私は、今から一六年ほど前、会社をつくって六年たった頃に、会社というものをどうやって経営していけばよいのか悩み、優れた経営者の話を聞いてみたいと思って、松下幸之助《まつしたこうのすけ》さんの話を聞きに行ったことがあります。松下幸之助さんがちょうど、「ダム式経営」というものをお話しされた最初の講演で、京都銀行の大講堂で、京都の中小企業の経営者たちにお話をされました。

幸之助さんのお話を聞いて、私の横に座っていた方が「少し前までは、松下電器などというのは『まねした電器』と言って、全然パッとしなかった中小企業だったのに、最近は立派な大企業になって、余裕ができたものだから、『余裕をもて』というようなことを言う。けれども、われわれ中小企業の経営者は余裕がないから話を聞きに来ているのであって、どうすれば余裕ができるのかを教えてくれないと何にもならない」と言っていました。

幸之助さんのお話が終わってから、質疑応答がありました。案の定、その方が手を挙げて、「確かに余裕をもたなければならないというのは、われわれもわかっています。だけど現実は、日々のやりくりで困っているのです。この現状をどうすればいいのでしょうか」と質問しました。そのときに、幸之助さんは笑いもせずに、

「いや、そのように思わなければなりません」と言われたのです。その言葉の意味を誰もわからず、皆さんが一斉に笑いました。私はそのときに、そんなノウハウやハウツーというのはあるわけがないと思っていました。大事なのは「思う」ということ、ただそれだけなのです。「どうしても無借金経営をやりたい」と、一〇年間も二〇年間もずっと思い続けるから、無借金経営ができるのです。

先にお話ししたように、「思う」ということが最大のエネルギーだというのは、この意味なのです。幸之助さんが言いたかったのは、「私は思ったからそうなった。あなたがそうならないのは、ただ単に思いが足りないというだけのことです」ということ以外にはないのです。

思い続けることが、行動になって出てきます。なぜならば、思いが種をまいていくからです。それしかないのです。幸之助さんのお話を何百人と聞いておられましたが、それがわかった人は私以外に誰もいなかったと思います。私には、その幸之助さんの言葉が強烈に響きました。幸之助さんが言いたいのはたった一つ、「思う」か「思わない」か、「信じる」か「信じない」かということだけなのです。そのような強烈で持続した思いというものが、物事を現実のものにし、創造につながっていくということなのだと思います。

とかくわれわれ技術屋は理屈っぽいため、「思う」などというあいまいなことでは、なかなか納得をしないのですが、わざわざ京都から出かけてきて話をしていますので、今日は一つ、それに免じて信じていただければ幸いです。ありがとうございました。

要点

創業時から今日まで、「新しいものを手掛ける」ということだけで成長してきているので、新しいものを創造していくことが体質となり、新しいものをつくらなければ企業の発展はないということが、企業姿勢のベースになっている。

空想することは非常に大切である。ロマンティズムを強く感じる人でなければ、空想という意味の想像もできず、クリエイティブな創造もできない。これはまさに「夢を描く」ということであり、際限もなく自分の夢を描けることが創造の始まりだ。

夢を描いていく場合に大事なのは、夢を描く人とその集団が、実現する可能性があるのだと信じることだ。空想を練っている人、夢を描いている人、次から次へと夢に思いをはせる人は、夢の実現はとてつもなく難しいことのように見えるけれども、できる可能性があるのだということを信じていなければならない。そのことを、われわれは「無限の可能性を信じる」と言っている。

製品を開発したり、夢を描いたりする場合に、「成功できそうだ」「つくることができる」ということが信じられないと、真剣にはなれない。「やってみるけど、どうかな」というようなことでは、決してうまくいかない。「やってみなければわからないから、やってみよう」という程度では、できない可能性のほうが高くなる。

われわれが製品を開発していく場合には、ポジティブな考え方ができる人、無限の可能性が信じられ、次から次へと夢が描けるような人と会議をして、物事を決めていく。

◉

創造をする場合には、空想で構わないので、最初に自由な発想をするべきだ。それは同時に、超楽観的な立場に立って物事を考えるということであり、悲観的な考え方にとらわれないことが、まず大事である。

◉

自由な空想をし、夢を描き、これをやろうと決めたことを実行に移す最初の段階では、ネガティブな考え方をする。インテリタイプの人間に、これからやろうとすることがどれだけ難しく、どれだけたいへんなことなのかを挙げてもらうのだ。そして、そのような困難があることを承知の上で、今度はそれをどのように克服し、研究開発を成功に導くかというポジティブな考え方を始め、試行錯誤を繰り返して研究開発を進めていく。

ネガティブなことをすべて挙げておかないと、研究開発を進めていくのが難しくなる。やると決めたものがなかなか完成せず、研究開発の資金だけを食うことになる。その結果、最初の発想にしわ寄せがきて、あまり資金もかからず、特別な能力も要らずにできそうなものをやろうという、萎縮した発想に閉じ込められてしまう。

◉

◉

研究開発を進めていくにあたって、プロジェクトリーダーとその下についている人々の、熱意もしくは意志が重要になる。この熱意もしくは意志と、人間性すなわち考え方、さらには能力の三つのファクターがすべて積でかかった状態、つまり、能力×熱意（意志）×人間性（考え方）で、研究開発のパフォーマンスは決まる。

研究開発などの場合には、とかく能力が最も先行すると誤って理解しがちだが、そうではない。能力は標準程度あれば十分である。能力以上に大切なのが、人間性つまり考え方と、熱意もしくは意志である。これらは研究開発も含めて、物事を成し遂げる場合に大きな効果をもたらすものだ。

◉

物事を成功に導いていくプロセスにおいて、人間性は判断力のようなものには影響するが、成功そのものにはあまり影響がない。物事を成功させていくためには、念や思いが大切だ。この念や思いが、熱意や意志、情熱、あるいは願望である。「このようにありたい」というすさまじい念や願望が、自分自身をモチベートする最大のエネルギーだ。

◉

物事に取り組む際にエネルギーを一〇〇%出すには、ど真剣な状態を維持していくことが求められる。いろいろな外的環境が変わると、ともすれば心が揺れ動く中で、「そのようなことでくじけるな」と自分に言い聞かせ、自分自身でど真剣な状態を維持していくことが大切だ。

◉

環境がどのようにシビアなものになろうと、どのような困難に遭遇しようと、強い意志で心をコントロールして、物事に打ち込んでいくプロセスが必要だ。それを続けていくことが、物事を成功させていくために最も必要な条件だ。だから、まずはすばらしい人間性をもっていなければならない。物事を心が判断していくときに、その人のパーソナリティが直接出てくるからだ。

◉

研究にかけるすさまじいばかりの強烈な意志があり、加えて会社の幹部社員のある程度の理解さえあれば、不可能だと思われるようなテーマを掲げても、標準程度の能力しかないとしてもやれるはずだ。「どうしてもこれをやりたい」と思い詰めていることが、潜在意識に浸透していくからだ。潜在意識を作用させるほど思い詰めると、まったく異なることを行ったりしているときに、突然アイデアがひらめいたりする。その頻度が高くなるほど、潜在意識を有効に使わなければならない。

◉

企業を立派に成長させて、永遠に繁栄させていこうとすれば、新製品が次から次へと生まれて、それがたくさん売れていくことが必要になる。そのようなことをやっていくのが技術者の任務であり、開発した新製品はどうしても売れなければならない。つまり、新製品が売れて、業績が上がり、それで利益が出せるようになって研究開発は完了するのだ。

◉

クリエイティブなことをやる以上は、マーケットは存在しないはずである。

マーケットの存在しないものをメーカーがつくっていく場合に、それを売ることを受けて立ってくれるような流通の旗頭がいなければならない。そして、それは創造、つまり研究開発に苦労している技術者がやるものであり、まさに新しい創造的な仕事だ。

◉

研究開発は会社の方針にのっとっていなければならず、会社が出しうる研究開発の予算にも制約条件はあるが、それらを踏まえた上で、自由奔放に発想をするべきだ。この自由奔放な発想で最初に目標を決めるときが、技術者が最も喜びを感じるのかもしれない。

KAZUO INAMORI LECTURES

研究開発と海外活動に求められるリーダーの人間性

全トヨタ夏期セミナーでの講演――一九七九年八月二三日

背景

一九七〇年代後半、トヨタグループは、厳格化する排出ガス規制と、低燃費という二つの社会的要請に対応すべく、新型自動車用エンジンの開発を鋭意進めていた。また、同時期に深刻化した貿易摩擦の影響から、欧米での現地生産を検討し始めていた。

そのような状況にあったトヨタグループ各社のトップを前に、稲盛は「研究開発と海外活動」というテーマで講演した。

独創的な研究開発が求められる時代

今日は、日本で一番すばらしい企業である、トヨタグループ各社のトップの方々が集まる会に、お招きいただきました。まことに恥ずかしい話ですが、そのような皆様に、何をお話しすればよいか、と思い迷いながら、明け方までなんとかまとめてみようとがんばったのですが、あまりまとまらないままに、まいりました。お聞き苦しい点があろうかと思いますが、ご勘弁いただきたく思います。

今日、私に与えられたテーマは「研究開発と海外活動」です。それについて考えていることを、羅列的に説明し、ご勘弁願いたいと思います。まずは「研究開発」について、私が以前から思っていることをお話しします。

一九五九年に、京都セラミックという会社をつくったとき、私どもがもっていた技術は非常にレベルの低いものでした。創業当時の技術では、お客様から買っていただけるレベルの製品がなかなかつくれないのが実情でした。また、できたばかりの無名の会社が大企業に営業に行っても、大事な電子部品に用いられる材料であるだけに、なかなか相手にしてもらえませんでした。そのため必然的に、他社が「つくれない」「難しい」と言って避けて通っている注文に対し、「できます」と見えを切って、注文をもらわなければならないのが、実際のところでした。

こうした事情から、私どもの事業は、自分たちにできそうにもないような難しい受注にチャレンジしていくことの連続であったわけです。そのようにして、今日のような新しいことへの挑戦を重んずる企業風土がつくられていったのだと思います。

私は化学出身の技術屋です。ずっと研究をしてきましたが、研究といっても、いろいろな形態のものがあろうかと思います。最初に取り組んだのは、外国の企業や先輩の研究者がすでに取り組み、ある種の「ガイド」があるテーマを追いかけるという研究です。または学術的に発表されて、理論化はされているものの、まだ製品化されていないテーマを追いかける研究です。

このように、比較する基準となる先行研究がすでにある研究と、一方で基準となるものがまったくなく、独創性が求められる研究があります。

他に比較する基準がある研究は、比較的やさしいと言えるでしょう。研究を進めるときに、自分の研究の方向性、また結果が間違っているかどうかを、他の研究と比較することによって明確に知ることができ、軌道修正していくことが可能だからです。

しかし、そういった文献などがまったくないテーマの研究が、今後は一番問題になるだろうと思います。

戦後三〇年、日本の企業は欧米の技術を咀嚼して改良改善を続け、技術力を高めてきました。その結果、今日世界で最強の工業生産力と、高品質を具備するまでになったわけです。しかし、私は来たる一九八〇年代には、海外からの技術導入が非常に難しくなり、海外の競合他社から袋だたきに遭う時代になるのではないかと考えています。

そういう状況が予想される中で、日本が工業生産、工業技術において、現在のような位置を維持していくには、どうしても欧米先進諸国が取り組んでいない、創造的な新しい研究開発をやらなければならないと思うのです。そういった他に比較する基準のないテーマを研究する者、ならびにそれをマネージする者は、自らの内に基準をもち、研究を進めることが要求されると思います。このことについて、かねて考えていることをお話しします。

「危機感」をベースとした動機づけと目標設定

私ども京都セラミックは、資本もない、技術もない中で創業した会社であるだけに、強い危機感がありました。また、それだけに、どうしても会社を守ろう、という強烈な意志がありました。先ほど一見できそうにない、難しい注文であっても、「できます」と見えを切って注文をとってきたと言いましたが、それも会社を守り、維持していこうという必死さから出たものなのです。

研究開発を進めていくには、そのような強烈な思いが必要になります。ですから、研究開発をする上で一番重要なことは、動機づけと、目標設定なのです。これは大企業になればなるほど、大事なことではないかと思います。

創業当初の京都セラミックには、「この注文はできるから受ける」「この注文はできないから受けない」というような、選択の余地はありませんでした。小さな会社でしたので、どんな注文であっても受け、製品を開発しなければ会社が存続できない、という切羽詰まった研究開発の動機があったのです。

現在は、経営に少しゆとりができてきましたが、それでも将来を考えると、非常に不安があります。たくさんの従業員を抱え、大きくふくれあがったこの企業を、将来にわたって維持運営していくため、「こういう研究開発をどうしてもしなければならない」というように、研究者に対して、非常に強い危機感を伴う動機づけをしています。この研究開発を成し遂げられなければ、この会社は存続できないということを、経営トップから担当する研究員に至るまで、要求しています。

このように、研究開発の動機づけと目標設定は、「同業他社がやっているからうちもやろう」というものではありません。「どうしても当社にとって必要だから」、また「これがなければ会社の将来がなくなりそうだ」という、危機感から発するものでなければならないのです。

どのようなタイプのリーダーが、研究に求められるのか

次に、研究を進める場合には、研究者を選ぶことになりますが、どのようなタイプが求められるのでしょうか。

研究部門には、頭の切れる非常にクールな人が配属されます。そのような非常に冷静でクールに判断できる、また専門分野において非常に深い技術知識をもっているタイプの人は、先ほど言いました、他に比較する基準があるテーマの研究に向いています。つまり、同業他社が少しでも取り組んでいたり、海外のある大学教授がレポートを出していたりするテーマを追いかける場合、そのような人は、頭も非常に切れますし、専門知識も豊富ですので、非常に向いているのです。

しかし、誰もがやっていない前人未到の領域に挑戦するときには、そのようないかにも技術屋らしいタイプの人は、非常に問題があると考えています。というのは、専門分野に詳しいだけに、その前人未到のテーマがどのくらい難しく、途方もないことなのか、よくわかるのです。ですから目標設定をする段階で、すでにどのくらい難しいか、どのくらい可能性が薄いかといった、ネガティブなことをいろいろ考えてしまうのです。

これは、研究者だけについて言えることではないかもしれません。経営者、またはリーダーがもたねばならない最も大事なものも、テクノロジーなどではなく、すばらしい人間性だろうと思います。テクノロジーを駆使するのも、その人がもっている心であり、人間性です。ですから、研究開発をやっていく場合、やはりすばらしい人間性をもった、バランスのとれた人間でなければならないのです。

私が研究チームのリーダーを選ぶときには、少し陽性で、ホットで、ポジティブな考え方をする技術屋を選びます。常に前向きで、一見すると無謀で、おっちょこちょいと思われるタイプの人です。もちろん、そういうタイプの人だけでは困りますが、少なくともネガティブな考え方をするのではなく、ポジティブな考え方、つまり可能性があるということを、まず信じられるタイプでなければなりません。可能性すら全否定するタイプではなく、少なくともチームで努力をすればできるはずだ、と信じられるくらいの情熱をもった、前向きでポジティブな考え方をするタイプの人を選ぶようにしています。

しかし、そのように陽性で、ホットで、ポジティブな考え方をする人は、どうしても緻密さが足りないということがよくあります。軽率で、単細胞だからこそ、無邪気に可能性が信じられるのです。一方、思慮分別がある人は、簡単に同調して可能性があると信じられないはずですが、簡単に同調するのは、いくらか粗野で単細胞なのでしょう。

いずれにしても、そのようなポジティブシンキングをする人、一般的には、営業に回せばいいだろうと思われるタイプの人をリーダーにして、いわゆる学校における「秀才」タイプの人を周囲につけることにしています。そして、ホットで、ポジティブシンキングをするタイプの人には、緻密さと学問的な勉強を強く求め、一方で冷静でクールな学者タイプの人には、前向きでホットでポジティブな考え方を常にするように教育をしています。そのような組み合わせでチーム編成をして、研究開発にあたっています。

人間性が研究結果を左右する

私の場合は、窯業を研究してきました。大学を卒業し会社に入ってから、セラミックスの新しい絶縁材料の開発を始めたのですが、最初は、セラミックスの原料粉末を混合することすらたいへん難しく、苦労しました。

研究では、こういう粉末を混合して、この程度の高温で焼結すれば、こういう物性のセラミックスができるという仮説を組んで実験をします。しかし当時は十分な設備もなく、乳鉢を使って自分の手で粉を混合していましたので、どのくらい小さな粒子サイズにまで粉砕し、どの程度まで混合すればうまく混合したと言えるのか、わからないのです。固体間の反応を促進するには、表面積が大きくなるよう、粒径を小さくすることが大事になります。そのように非常に粒径を小さくしたものを混ぜる場合、どこまで混ぜた場合に「混ざった」と言えるのか、という問題が出てくるのです。

今、私どもの会社には、私よりはるかに頭のよい優秀な学生が、大学を卒業して入社してきます。その人たちに同じような実験をさせますと、ある者は二〇分混ぜたと言い、ある者は一時間混ぜたと言います。中には三時間も混ぜている人もいます。しかしみんなが「混ざった」と言うわけです。学術文献などを読みますと、この成分とこの成分を混ぜて、こういう成形法で成形し、こういう温度で焼き、こういう反応をすれば、こういうものができると書いてあるだけですが、この「混ぜる」というプロセス一つだけでも、実は非常に難しい問題になるのです。

先ほど言いましたように、他に比較する基準がある場合は、判断をしやすいと思います。例えば、二〇分間混ぜてものをつくる場合に、同業他社、もしくは海外の大学の研究者がすでに実験をしていて、「このようなセラミック・コンポジションで、こういう特性が出た」というデータがあったとします。もしこれと同じデータが出なければ、自分の混合する工程、または焼結する工程のどこかに間違いがあったということがわかります。「この工程で何か間違ったはずだ」というように、問題の所在を追跡できるので、非常に楽なのです。

しかし何も先行研究がない場合、頼れるのは自分しかいません。一時間で本当に混ざったのか、二時間なら本当に混ざったのか、五時間ならば本当に混ざったのか、という問題も、まさに研究している当人が決めるわけです。

非常に神経質な性格の人でしたら、粉体の混合にも神経質過ぎるくらいに取り組み、おそらく三日混ぜても、四日混ぜても、「混ざった」と言わないかもしれません。そもそも完全に均一に混ざることはありえないのです。液体の場合なら完全混合体はありえますが、粉体の場合には完全混合体はありえないのです。ですから、どこまでいっても結論がつけられず、「混ぜる」という段階から一歩も進めなくなってしまうのです。

一方で大胆なタイプの人ですと、簡単に混ぜただけで、「混ざりました」と言います。それを確かめる方法がありませんので、念を押して、「本当に君はうまく混ぜたのか」と尋ねると、「断言します。うまく混ざりました」と言います。そこで、「どのくらい混ぜたのか」と聞いてみると、「一時間です」と答えます。「一時間で足りるのか」と尋ねると、「足ります。十分です」と非常に自信をもって断言します。そこまで言われると、自分の専門分野でない場合は、これ以上追及できません。リーダー、または経営者も、これ以上追及できなければ、「どうも彼は自信がありそうだから任せてみよう」と考え、その人に任せることになります。

そのようにして実験では、その人がもつ人間性のとおりの結果が生まれます。「混ざる」「混ざらない」という基準だけをとってみても、技術力以前の問題として、研究している人間が、どういう人間性なのかが問われるのです。ですから私は、研究者の人間性が、バランスのとれた理想的な状態でなければ、良い研究はできないと考えています。

大胆で不遜《ふそん》なタイプの人が研究すると、できたものは、やはり大胆そのものの研究結果になります。また、非常に小心な怖がりのタイプの人が研究すると、なかなか結論が出ず、怖がりの心が表れた、歪《いびつ》な結果になってしまいます。

自分がやっていることが間違いだと判断でき、修正できる尺度が何か他にある場合、つまりわずかでも誰かが取り組んだ結果がある場合は、それでも問題はありません。しかし、そうでない場合、研究する「人間」そのものの勝負になってくるのです。ですから、今後日本の産業が、新しいクリエイティブな研究、また飛躍した技術の開発をしていく場合には、まず研究開発にはどういう人間性が求められるのかを研究すべきではなかろうか、と思うのです。

研究開発で求められる、バランスのとれた人間性

研究開発をする際に、先人による詳細なデータがなくても、ちょっとしたヒントだけでもあると、その成否は大きく変わります。例えば、「海外のある大手メーカーが、こういう研究開発に成功したらしい」というううわさを聞いただけでもいいの

です。アメリカの大手メーカーがこういう方法で成功したらしいといううわさが聞こえてくるだけで、その専門分野を勉強している人は、具体的にこのような方法でやったのだろう、とすぐにひらめくのです。「できるらしい」といううわさを聞くと、それだけで研究開発は比較的楽になります。すばらしい人間性は特に要求されません。ある人が成功したといううわささえあれば、できないのは自分がおかしいと考えることができ、自分のやり方を修正できるのです。

一方、誰もやっていない研究開発では、自分がやってもできないのだから、世界中の誰がやってもできないのではないか、という間違った判断をしてしまいます。自分の判断の基準、やり方がおかしくてできていないのに、「誰がやってもできないことを、自分はやっているのではなかろうか」という迷いが出てくるのです。

このように、誰かがすでに取り組んでいる場合、できないのは自分の能力がない、または自分のやり方がおかしいのが原因だ、と気づき、修正ができます。例えば、カタログの切れはしを見るだけでも、その分野の専門家であれば、できるようになるのです。

しかしその程度では、今後の研究開発は難しいと思います。今までの日本の研究者は、それさえできれば一流だったかもしれません。つまり、細かいレポートを見なくても、先行する研究開発のうわさを聞いただけで、後を追いかけられるタイプは、それだけで会社に大きく貢献できるので、それで十分だったのでしょう。

しかし、誰もやっていないテーマの研究開発は、闇夜の中を手探りで歩くようなものです。何も基準となるものはなく、本当に信じられるものは自分しかありません。指先の触覚、目、耳など、自分の五感を頼りにして、その道を歩いていくのです。

研究においては、機械分野であろうと、化学分野であろうと、電気分野であろうと、実験結果は、実験中に起きる現象を、目で観察するなどの五感によって判断します。ですからその人が、五感から現象をどのくらい正確に見られるかが、結果を左右する鍵となります。ある現象を見た場合、それで本当に「見た」と言えるのか、また逆に、見落としたものは本当になかったのかどうかで結果が決まるのです。

ですから、研究に対して、全身全霊で打ち込むと同時に、常に虚心に反省でき、さらに勇気をもって進められるという、バランスのとれた人間性を備えた人でなければ、誰もやっていないテーマの研究開発はできない、と私は思います。

日本の技術屋の多くが、「技術屋らしい技術屋」になりたいという夢をもっています。礼儀作法もあまり知らずに技術に没頭するタイプ、風采《ふうさい》を少しも気にせず研究に没頭するタイプが技術屋らしい技術屋と言われています。ですが、私はそうではないと思います。

たとえ職人肌の技術者ではあっても、研究を本当に究めていこうと思えば、あらゆる現象面でバランスがとれているか、それともアンバランスなのかが見抜ける精神構造でなければならないはずです。ですから、自分の立ち居振る舞い、言動など、あらゆるものにバランス感覚がない人には、立派な研究開発はできないと思います。

そういう点では、創造的で独創的な新しい技術をつくるための研究者、または研究グループのリーダーに求める人間像を、われわれ企業人は一度模索してみる必要があるのではないでしょうか。そうしなければ、日本では新しいクリエイティブな技術は生まれてこないように思います。

潜在意識が、思わぬヒントを与えてくれる

また少し変なことを言いますが、そういうバランスのとれた人間性をもつ研究者が、技術屋としての単なる興味関心ではなく、先ほど言ったような、企業の将来にわたって持続する繁栄を願うという、強い動機づけに裏づけられて研究する場合、通常もつ意識に加えて、その人が意識下にもつ「潜在意識」が大事になると思います。潜在意識が実際に存在するのかどうか、確証をもって説明はできませんが、私はあると考えています。その潜在意識まで動かしうる研究者でなければ、本物の研究はできないのではないでしょうか。

ある研究テーマに没頭し、苦しみ悩み、四六時中そのことだけを考えながら、どうしても成功させたい、という強い願望を常にもっていると、その願望は潜在意識に浸透してくると、私は考えています。そうすると潜在意識は、仕事や研究の合間

に休息をとったとき、または眠りにつこうとする瞬間に働きかけてくるのです。つまり、潜在意識は二四時間常に働いていて、目の前の研究から意識が離れた瞬間に、ヒントを与えてくれるのだと思います。

このことは、深層心理を研究している人々なら、よくご存じかもしれません。ある心理学者は、潜在意識は、その人が通常もつ意識の何十倍も大きいキャパシティ（容量）をもっていると言います。心理学者たちは、催眠術をかけて人を眠らせ、その人の意識下にあるものを引き出す実験などをしていますが、その結果本人すら気づいていない事実を話し始めるという現象も起きています。

大脳のどこかには、通常使っている意識に加え、日頃は使っていない、意識下に潜在する潜在意識があると思います。それを働かせるには、潜在意識にまで浸透していくほど強烈な精神状態が必要なのではないでしょうか。軽い気持ちで物事を処理している状態では、潜在意識まで働かせる必要はないため、潜在意識にまで浸透していかないと思います。

「われわれに働きかけてくるのは、潜在意識ではなく心だ」と言う研究者もいます。

つまり、脳細胞にあるであろう潜在意識ではなく、その人がもつ「心」そのものが働きかけてくる、というわけです。

実際のところ、何が正しいのかよくわかりませんが、当社の研究者には「潜在意識に浸透するほどの強い願望をもとう」と言っています。今まで、当社のような小さな企業には、優秀な技術屋や学生は来ませんでした。平均的な能力の技術屋を使って新しい分野の研究開発をしなければなりませんので、その人たちと一緒に苦しみながら、「普通の意識だけではなく、潜在意識まで働かせよう。燃えあがるように強い願望が潜在意識にまで浸透していけば、潜在意識が働いてくれる」と言ってきたのです。

ラッキーは自らつくり出していくもの

非常にロジカルな研究をやっているのに、さらにこういうことを言うとお叱りを受けるかもしれませんが、研究でも、事業経営と同じように、運がいいとか、ついているということが成果を左右することがあります。頭が非常に切れ、よいところまで研究は進むのですが、なかなか成功しないタイプの人がいます。一方で、さほど頭はよくないのに、非常に良い研究成果が出て、成功するタイプの人がいます。そのようなことによく遭遇するのです。

欧米のように非常にロジカルに物事を考える国ですら、経営者の条件としていろいろな能力を要求する中で、運の強い男、ラッキーな男であることが絶対条件だと言われています。非常に理屈っぽく物事を考える欧米人ですら、運の重要性を説いていますが、研究開発する場合でも、同じように運は大切なのです。

なぜその人の運がいいのか、また悪いのかということも、非常に大事なことです。私の独断ですが、きれいな心をもっていなければ、運もついてこないような気がします。こういうことを言いますと、「技術の話をしに来ているのに、漫画のようなことを言う」と笑われるかもしれませんが、私は真剣にそう思います。非常に良い研究をしているのに、なかなかうまくいかない人を見ていますと、どうもおかしな雰囲気をもっているのです。よく考えてみると、その人がもっている心根があまり良くないような気がするのですが、そのようなものが影響しているように思うのです。

運、ラッキーを呼び込む人は、強い願望をもつと同時に、非常にきれいな明るい心をもっている人ではないでしょうか。その心が、先ほど言った潜在意識なのかもしれません。いずれにせよ、そういうものが、うまくラッキーを誘導してくれるのです。ラッキーは来るものではなく、自らつくり出していくものなのかもしれません。

非現実的なことばかり申し上げますが、どうもそのような気がするのです。

あらゆるリーダーに求められる共通の要素

他人のまねではなく、また人からヒントをもらったものでもない、新しいテーマを研究する場合に、研究者に求められる人間性について、自分の考えを申し上げました。

これは、研究者にだけ求めるべきものではないと思います。あらゆる階層のリーダーに求められる共通の要素だと考えています。一芸に秀でた者は何でもできると言われるのと同じで、研究開発は何か他分野とは隔絶した、特別なものが求められる、特殊な分野ではないと思っています。それを特殊な分野に仕立てている技術屋がいるとすれば、おかしい話です。そういう「まやかし」の技術屋のために、経営者が目を曇らせてはなりません。

確かに科学技術の進歩は目覚ましく、個別の専門分野については、とうてい素人では理解できず、ついていけません。しかし、技術者と一緒に一生懸命勉強し、心を澄まして見ていけば、何が「本物」か見極められるはずです。研究開発や技術開発は、特殊な分野ではありません。その分野で研究を進め成功させられる人は、どの分野においても成功を成し遂げられる、すばらしい人間性をもった人なのだと思います。

大赤字から高収益へ。京セラの海外活動

次に「海外活動」についての話に移ります。京都セラミックが主に進出しているアメリカで、私がどのようなことで悩んでいるかをお話しします。トヨタさんの場合、アメリカではるかに大規模にビジネスを展開していますので、私の話は寝言のように聞こえるかもしれません。ですが、私ども中小企業がやっていることでも、少しでもご参考になればと思い、お話しします。

京都セラミックは、サンディエゴに工場をつくりましたが、それは海外進出のストラテジー（戦略）を考えた上でのものではありません。最初私どもは、サンフランシスコの南のサニーベールという街に、進出しました。現在は、アメリカの半導体産業が密集している、シリコンバレーの一部であり、周辺のクパティーノ、パロアルト、マウンテンビュー、サンノゼといった街と合わせて、通称ベイ・エリアと

も言われる地域です。このアメリカ半導体産業の集積地に、セラミックスの販売会社をつくったのが、ちょうど一〇年くらい前（一九六八年）になります。そこに、日本から社員を派遣し、またアメリカ人のセールスマンも雇い、総勢四～五名で営業活動を始めたのが、アメリカ進出の最初でした。

それから二、三年ほどたった頃のことです。当時、私どものお客様であったフェアチャイルド社は、サンディエゴでセラミックスの工場を運営していましたが、赤字続きでうまくいかず、私どもから製品を買うようになっていました。そのため「自社での生産をやめたいのです。製品は貴社から買うようにするので、弊社の工場を買いませんか」という提案をしてきたのです。

私はそれまで、アメリカでの工場経営は、やってはならないというより、やることができないと思っていました。しかし、「サンディエゴまで飛行機をチャーターしたので、一緒に乗って見に行ってほしいのです」と強く頼まれ、工場を見に行くことになりました。工場の様子を見ると、あまり良い状態ではなく、お客様なものですからつい、「この部分は、このように改造されてはどうですか」とアドバイスしました。するとフェアチャイルド社からは、「うちではとてもそのような改造はできないので、なんとか買ってもらえませんか」とさらに強く言われ、結局その工場を買うことになったのです。

工場の建物はリースで、土地の権利もそのままで、設備のみ京都セラミックに移転する、という条件でした。従業員は全員レイ・オフしてもらうとともに、在庫は買い取らず委託ベースで預かり、使った分だけ支払いをする、ということにしました。つまり、機械設備だけ買い取る形で、サンディエゴの工場を手に入れました。

日本からは技術屋を数名派遣したのですがうまくいかず、しばらく大赤字が続きました。二年目近くになりますと累積赤字はどんどん大きくなり、派遣した技術者たちもたいへん苦しんでいましたので、サンディエゴでの工場運営はやめようかとも考えました。

しかし現在では、近所にあった建坪約一万坪、敷地三万坪というハネウェル社のコンピュータ工場を買収して移転し、約一〇〇〇名のアメリカ人が働き、たいへんな高収益を上げるようになっています。

アメリカのマネジメントスタイルの問題点

私がアメリカで営業活動をしていたとき、アメリカ人はどうしてこんなに明るく、フレンドリーなのだろうと思っていました。私どもが雇っているアメリカ人セールスマンもそうですし、お客様のアメリカ人もそうでした。フェアチャイルド社に行っても、インテル社に行っても、モトローラ社に行っても、副社長のような重役でも気さくに会ってくれますし、あまり差別をしません。ですから、アメリカ人はフランクで明るく、良い人たちだと感じていたのです。

ところがアメリカで工場の運営を始めて、びっくりしました。それまでつき合っていた人たちは、セールスマン、技術屋、マネージャーなど、ある程度の常識をもった人たちでした。つまり、アメリカ人の中でもそれなりの人とつき合っていたわけです。そのようなアメリカ人は、非常にフランクで差別もなく、感じの良い人たちだと思っていたのですが、実際はそのような人ばかりではないことに気がついたのです。

工場があるサンディエゴの街は、決して田舎ではありません。アメリカ海軍の艦隊の基地であると同時に、リゾート地域でもあります。たくさんのビジネスマンがリタイアした後に立派な別荘を建てて住んでいる、なかなかの高級住宅街です。そのような街で人を雇って工場を運営する場合、掃除のおばさんから工場長まで、その地域における全階層の人たちを使うことになります。そして、その工場を治めるため、京都セラミックの本社からは技術屋が派遣されるわけです。

営業所では、ボスとセールスマン、お客様とベンダー（売り手）の間は、友人に近い関係です。黄色人種の東洋人であるわれわれは、少し下の立場、または上の立場のときもありますが、いずれにしろ威圧感はありません。

しかし工場では、それを越えた濃密な関係が求められます。皆様もご承知のとおり、アメリカ人作業者は、アメリカ車を見てもわかるように、いい加減な仕事をよくします。少し目を離すと、でたらめな部品が混入することがたびたびあります。

ですから、どうしても現場を見て、プレス加工や品質管理などについて、口やかましく言って指導しなくてはなりません。

ところが、アメリカのマネジメントスタイルでは、口やかましく言うことは、ご法度なのです。そのときに、われわれは戦後一時的に、アメリカ流のマネジメントスタイルを習いました。そのときに、「人前で人を叱ってはなりません。やる気を失わせますので、必ず別の場所に呼んで叱りなさい」と言われたはずです。つまり、叱るのではなく褒めることによってやる気を与え、モチベートするという方法が定着しているのです。ですから、アメリカでは人前で叱ることはめったにありません。

しかも、どんなに小さな企業でも、ポリティック（派閥的）な動きがあります。アメリカでは、日本よりもはるかに簡単に派閥ができるのです。

「私は、京セラインターナショナルインク（編集注：アメリカにある京セラのグループ会社、略称はＫＩＩ）のサンディエゴ工場に採用されたのではありません。あのマネージャーに採用されたのです。だから、彼に対し、ロイヤリティ、オブリゲーション（義務）を感じているだけで、ＫＩＩには、何も思い入れはありません。彼が採用面接をし、私を採用してくれたので、私は彼にレポートします」と言うのです。「レポートする」とは、その男に「仕える」ということです。そのようにして、たちまちに派閥ができてしまうのです。こうしてでき上がった派閥の間では、当然争いも起きます。

そのような派閥がありますから、人に好かれなければ、足をすくわれる恐れがあります。当然ながら、人前で叱るということをすれば、その叱った人に嫌われ、たちまちにして足をすくわれかねません。そのようなこともあり、アメリカでは、マネージャーは、人前で叱ることを絶対にしません。

しかし私の場合は、現場に行って人を叱ります。現場で働く人たちの中には、良品の中に不良品が混入する可能性をほとんど考慮しなかったり、作業中に部品が床に落ちても何も思わないという人がいます。赤字が続き、ただでさえ厳しい経営状況であるのに、現場でそのような作業を見ていると、部品が床に落ちているのが、まるでお金がぼろぼろと落ちているように見え、「これでは困るよ。もっときちんと作業をしなさい」「君、この床に落ちている部品はお金なのです」とつい小言を言ってしまいます。

そうすると、当時の工場長は次のように言うのです。

「社長が、このように頻繁に現場に出られては困ります。先日、あなたは部品が床に落ちていたのを拾って、整理されたそうですね。そんなことをされたのでは、権威も何もあったものではありません。社長室があるのですから、そこにとどまっていただいて、私を呼んで指示するなり、叱るなりしてもらえばよいのです」

工場長はこのように言うのですが、叱ってみたところで、床をきれいにしないのです。何度叱っても彼はしないので、自分で現場を見に行くのです。

そのように現場を見に行けば、今度は女性の従業員から、「東洋人はやはりセンスがない。いくらオーナー面をし立派そうにしていても、床に落ちた部品を拾うといった、ジャニター（用務員）より少しましな程度のことしかできないのか」と、ばかにされてしまいます。

しかし、そのようなことがあろうとも、あまりにも度が過ぎるようであれば、私はその人を人前であっても叱ります。友達が少し小言を言う程度であればよかったのでしょうが、ひとたび叱るとなると、こちらも真剣に叱らざるをえません。その結果、今まで良好だった人間関係が、いっぺんにひっくり返ってしまいます。

どんな白人でもそうですが、どこかで白人優位という意識をもっていて、黄色人種の私が叱ると居直ってしまいます。日本人オーナーのもとで働く程度ならまだよいのですが、そこで日本人からボロくそに叱られると、気持ちの収まりがつかなくなり、辞めてしまうのです。それまで自分がつくった派閥がありますから、「私が辞めれば、どうせみんなは働かないはずだ」という、脅しめいたことさえ言います。

ときには、「どうしても君はこの会社に合わないので、辞めてもらいます」と言い、工場長でさえも二回ほど辞めさせたことがありました。会社の帰り道のどこかで待ち伏せされ、ピストルで撃たれるかもしれない、と感じられるほど緊迫した関係になったことも、何回もありました。

しかし、叱ることもせずに、現地のマネージャーに任せっ放しでは、良い製品はつくれません。そのようにして叱ることができないから、現在のGMやフォードは、新車を買うと「ビスがとまっていなかった」「肝心な部品が抜けていた」などという事態が、たびたび起こるのです。

トップマネジメントも、そうした事態を把握していながら、手を打てないのです。企業として致命的な欠陥であり、なんとかしなければならない、とは思っていますが、どうすることもできないというのが、現在のアメリカのマネジメントスタイルなのです。

企業理念をつくり上げ、社員に植えつける

もちろんアメリカの企業でも、しっかりとした経営をしているところもあります。私が知っている大企業の中では、TI（テキサス・インスツルメンツ）やIBMがあります。特にTIは、今でも「テキサス魂」のようなものをもち、たいへんな団結心をもっています。技術屋でも作業者でも、「われわれはTIの人間だ」という誇りをもっています。またIBMの人たちも、そういう精神をもっています。

それだけに、われわれのような日本企業が、アメリカの優秀なマネージャーを単純に雇って、工場経営をしていくのは、非常に難しいというのが実感です。先ほど言いましたように、彼らアメリカ人のマネージャーは、黄色人種の東洋人がオーナーとして、上で踏ん反り返って「支配」をしているように感じます。工場経営は対等な友達関係ではありません。そのため、アメリカ人は、アメリカが侵略され、支配されているような感すら受けてしまうのです。

ちなみに東南アジアでは、日本の企業が進出した際に、ひんしゅくを買ったことがあります。東南アジアは、日本人に対して畏敬の念のようなものをもっていますので、それをいいことに、日本人がのさばり、踏ん反り返っているうちにひんしゅくを買うことになったわけです。

一方、欧米に日本企業が進出した場合は、どちらかというと、彼ら欧米人のほうが偉いと思っています。そのため日本人が治めようとすると、必ず紛争が起こることになります。私たちも苦労に苦労を重ねて、今日までアメリカで工場を経営してきました。日本から派遣したマネージャーと、アメリカ出身のマネージャーがけんかをするといつも、「それはジャパニーズウェイである。ここはアメリカなのだから、アメリカンウェイでやるのだ」という議論になるのです。そういうことの繰り返しでした。

私どもは日本企業ですから、日本的なメンタリティをもち、日本人的な考え方をするわけです。しかし本当に大事なのは、日本式がいいとかアメリカ式がいいということではなく、インターナショナルな企業として、その企業が企業理念を新しくつくり上げ、植えつけていくことだと思います。それを成功させないことには、いかにテクノロジーや資本力をもっていようと、私は本当の意味での海外での成功はないと思います。

海外展開の決め手となる、リーダーの人間性

海外展開をするにあたっては、いろいろないさかいがありますが、結局は先ほど

の研究開発と同じことです。そこを治める日本人のリーダーが、アメリカのマネージャーから一般作業者に至るまで、メンバー全員を心服させられることが大事なのです。最初のうちは英語ができず、コミュニケーションのトラブルがあったとしても、三年ほどつき合っているうちに、能力的にも技能的にも、人間性という面においても、この人には兜《かぶと》を脱がざるをえない、と思わせられるような、非常に強く人を惹きつける、人間的魅力が必要なのです。つまり、人種、考え方の違い、文化の違いなどを越えて、彼らが自然と尊敬せざるをえないマネージャーを現地に置いて初めて、海外展開は成功するのだと思います。

海外展開も、研究開発と同じように、リーダーの人間性が大事なのです。人間性の立派な人を現地のリーダーとして派遣し、現地を治めてもらう。また日本の本社も、立派な人間性をもつ人が経営する。そうでなければ海外展開は成功しないのです。それがアメリカ、またヨーロッパでの展開において、大きな出費を伴う、たいへんな苦労をした結果たどりついた、私の結論です。

ご承知のとおり、欧米では決して「自分が間違っていました」と、自分の間違いを認めることはありません。そのため、技術上の問題、生産性向上の問題、歩留り向上の問題、どれ一つとっても、技術屋同士で議論を始めると、自己主張を何度も繰り返し、延々と議論が続きます。とことん議論をする中で、日本人の側に語学力のハンディがあり、途中であきらめて黙ってしまえば、相手は自分のほうが優れている、と思ってしまいます。このように非常に自己主張の強い国民性ですから、彼らが心服する状態をつくらない限り、議論は常に平行線をたどってしまうのです。

最近、私の会社では日本と同じように私が注意をすれば、副社長も工場長も言うことを素直に聞くようになっています。そうしなければ、いつまでも結論が出せません。しかも彼ら現地社員は、内心では不服に感じているところを、仕方なく妥協しているのではありません。今まで一緒に仕事をしてきた幾多の経験から「あいつが言ったのだから正しいだろう」と、思うようになっているのです。それが、京都セラミックの海外展開が、うまくいった要因ではないかと思います。

「切れるマネージャー」にありがちな問題

ところで、皆様はご経験済みで申し上げる必要もないかと思いますが、アメリカで経営をする上で、もう一つ注意することをつけ加えます。

アメリカの会社を、日本人だけで運営するわけにはいきません。そのためアメリカのマネージャーを雇うのですが、そのマネージャーが切れる人であればあるほど、問題になりがちだと思います。

トヨタさんのように、立派な会社を現地にもっている場合は、問題ないかもしれません。ですが、私どものように小さな会社で、優秀なマネージャーを雇うと、必ず「会社の株式をください」と言われます。つまり、ストックオプションをくれ、と言われるのです。自分がマネージャーとして業績を伸ばせば株価が上がり、その株で自分も月給以上の報酬がもらえますので、ストックオプションを要求してくるのです。最近は税制面でストックオプションのメリットがなくなってきましたので、以前ほどは強く言いませんが、それでも要求はあります。

そのような人をマネージャーにすると、最初は一生懸命に取り組みます。しかし自分の手に負えない経営状態になると、破れたザルみたいにたくさんのお金を使い、大きな赤字を出すようになります。二年もたつと、「ここで苦労してがんばっても、自分がもらっている株式の価格も上がらない。だから、この会社に長くいても意味がない」と考え、「辞めさせてください」と言って辞めていくのです。給料をもらい、会社のお金をたくさん浪費し、多くの赤字だけを残して辞めてしまうのです。

しかも、日本から派遣した社員がいろいろアドバイスをしても、「私に任せれば大丈夫です」と言って聞く耳をもたず、独断でやります。ですから、その人が辞めた後には、今まで何をやったか誰もわからずに大きな穴があいてしまい、現状を収拾するだけでも、さらにたくさんのお金がかかってしまいます。

逆に、経営が少しでもうまくいくと、自分の報酬にことさら強い関心を示します。会社は長期的な視野に立って利益を出していかなければなりませんが、自分が株をもっていますから、株価を上げ、ひいては自分の報酬が上がるよう、目先の利益だけを優先します。「今は先行投資をして、三年先に事業を大きく伸ばそう」というような長期的な考えはありません。一、二年という短期的な利益だけを追求して、利益をすべて絞り出し、その後に利益が上がらないようにしてしまうのです。そして利益が上がると、「給料を上げてくれ。ボーナスを多く出せ」と要求してきます。そのうちに、「自分のおかげでここまでうまくいったのに、給料もあまり上げてくれないのであれば、私は辞めます。その代わり三倍くらいに上がったこの株を買い取ってください」と言ってくるのです。

経営がうまくいかなくても辞められ、うまくいっても辞められる。日本人のように、「良い会社だから長く働いてがんばろう」というような人はおらず、今でも困っています。

マネージャーの待遇は、経営がうまくいけば、よくするようにしています。一方で経営がうまくいけばいくほど、「早く株を売って、タヒチやバハマあたりでヨットを浮かべて遊びたい」と考え、すぐ辞めてしまう。そのため、頼りないマネージャーを雇わなければならないということが、現在、私どもが海外で直面し、苦労している問題です。

その中で、日本のわれわれと同じように、アメリカのマネージャーにも、企業とともに成長するという考え方をもってもらえるよう、考え方、つまり哲学を一生懸命教えています。

これが私どもの海外展開における現状です。本日はこのくらいで私の話を終わらせていただきます。ありがとうございました。

要点

［研究開発］

研究開発の動機づけと目標設定は、「同業他社がやっているからうちもやろう」というものではなく、「どうしても当社にとって必要だから」、また「これがなければ会社の将来がなくなりそうだ」という、危機感から発するものでなければならない。

◉ 目標設定をして、研究テーマを一緒に決めるとき、また研究チームのリーダーを選ぶときには、少し陽性で、ホットで、ポジティブな考え方をする技術屋を選ぶ。可能性すら全否定するタイプではなく、少なくともチームで努力をすればできるはずだ、と信じられるくらいの情熱をもった、前向きでポジティブな考え方をするタイプの人を選ぶ。

実験では、自信にあふれたタイプ、また非常に緻密で小心なタイプというような、その人がもつ人間性のとおりの結果が生まれる。つまり技術力以前の問題として、研究している人間が、どういう人間性なのかが問われる。研究者の人間性が、バランスのとれた理想的な状態でなければ、良い研究はできない。

◉

誰もやっていないテーマの研究開発は、闇夜の中を手探りで歩くようなものだ。何も基準となるものはなく、本当に信じられるものは自分しかない。指先の触覚、目、耳など、自分の五感を頼りにして、その道を歩いていく。だから、研究に対して全身全霊で打ち込めると同時に、常に虚心に反省でき、さらに勇気をもって進められるという、バランスのとれた人間性を備えていなければならない。

◉

◉

研究を本当に究めるには、あらゆる現象面でバランスがとれているか、それともアンバランスなのかが見抜けなければならない。だから、自分の立ち居振る舞い、言動など、あらゆるものにバランス感覚がない人には、立派な研究開発はできない。

◉

ある研究テーマに没頭し、苦しみ悩み、四六時中そのことだけを考えながら、どうしても成功させたい、という強い願望を常にもっていると、その願望は潜在意識に浸透する。そうすると潜在意識は、仕事や研究の合間に休息をとったとき、または眠りにつこうとする瞬間に働きかけてくる。潜在意識は二四時間常に働いていて、目の前の研究から意識が離れた瞬間に、ヒントを与えてくれる。

運、ラッキーを呼び込む人は、強い願望をもつと同時に、非常にきれいな明るい心をもっている人だ。そういうものが、うまく運を誘導してくれる。運は来るものではなく、自らつくり出していくものなのだ。

◉

研究開発や技術開発は、特殊な分野ではない。研究開発を成功させられる人は、他のどの分野においても成功を成し遂げられる、すばらしい人間性をもった人である。

◉

〔**海外活動**〕

日本企業は、日本的なメンタリティをもち、日本人的な考え方をするものである。しかし大事なのは、インターナショナルな企業として、その企業が企業理念を新しくつくり上げ、植えつけていくことだ。それを成功させないことには、いかにテクノロジーや資本力をもっていようと、本当の意味での成功はない。

◉

海外展開をするにあたっては、日本人のリーダーが、アメリカ人のメンバー全員を心服させられることが大事だ。能力的にも技能的にも、人間性という面においても、この人には兜を脱がざるをえない、と思わせられるような、非常に強く人を惹きつける、人間的魅力が必要だ。海外展開は、皮膚の色、考え方の違い、文化の違いなどを越えて、自然と尊敬せざるをえないマネージャーを現地に置いて、初めて成功する。

◉

海外展開も、リーダーの人間性が大事だ。人間性の立派な人を現地のリーダーとして派遣し、現地を治めてもらう。また日本の本社も、立派な人間性をもつ人が経営する。そうでなければ海外展開は成功しない。

KAZUO INAMORI LECTURES

戦う中小企業の販売戦略

日本青年会議所（ＪＣ）経営開発シンポジウム講演――一九七九年九月七日

背景

一九七九年度の日本青年会議所経営開発シンポジウムは、九月七日と八日の二日間にわたって開催された。稲盛は七日のシンポジウムにて、「戦う中小企業の販売戦略」というテーマで講演を行った。

稲盛は五つの販売戦略を挙げ、さらには営業に関する哲学をもつことが大事であり、お客様から尊敬されるほど哲学を掘り下げることの必要性を説いた。

世界共通の販売条件

日本青年会議所（ＪＣ）の皆さんから、「今日のシンポジウムで話をするように」というご依頼がありました。技術屋の私が販売戦略について話すのは難しいことだと思っていますが、今回ご依頼をお引き受けしたのは、日本の将来を背負って立たれる若い経営者の皆さんのお役に、少しでも立とうと思ったからです。ですが、何を話すのかということを聞かずにお引き受けしてしまい、後で式次第を見ますと、テーマが販売戦略となっていましたので、「これは困った」と思い、ない知恵を絞ってまいりました。おそらくお聞き苦しいことになるだろうと思いますが、あらかじめご了承いただければと思います。

会社をつくってから二〇年が経過し、今年は二一年目に入ります。現在、国内の社員総数が約三七〇〇名になっています。今期の単体での売上予定は、七〇〇億円です。子会社を国内にもっていると同時に、海外ではアメリカに最も大きな拠点をつくっています。アメリカでは、私どもの一〇〇%子会社である京セラインターナショナルを中心に、五つの会社をもっています。そのうちの四つがカリフォルニアにあり、一つがノースカロライナにあります。五つの会社でそれぞれ製造販売をしており、品種も非常に多岐にわたっています。現在では従業員が一九〇〇名おり、今期の売上予定が一億八〇〇〇万ドルです。今後は、経済・社会・政治情勢が世界中で最も安定しているアメリカで、日本と同じくらいの規模で、同じような収益性をもつ会社を、なんとか早急につくり上げたいと考えています。私どもの現在の状況は、およそ今申し上げたとおりです。

そもそも、私どもに販売戦略があるのかと言いますと、そこまで優れたものはないと考えています。ただ、私は二〇年前に会社をつくっていただいてから、今日まで販売も行ってきましたので、つぶさに過去を振り返ってみて、どのような販売戦略を立ててきたのかをお話しすれば、何かしら皆さんの企業経営のお役に立つのではないかと思いますので、順を追ってお話をさせていただきます。

販売をするには、クオリティ（品質）がよく、コスト（価格）が安く、デリバリー（納期）が正確であるという、この三つの条件が大事だろうと思います。これらの条件の重要性は世界共通であり、疑う余地はありません。もちろん、この他にもいろいろと大きなファクターがあるわけですが、それをこれからお話ししようと思います。

販売戦略一・まずは社名を世間に浸透させる

一番目としては、社名を世間に浸透させることです。会社をつくっていただいてからは、まずは技術屋の私が研究していたものを製品化し、販売しようとしました。会社には京都セラミックという名前をつけましたが、最初は日本セラミックか東洋セラミックのどちらかにしようと思いました。ですが、出資をしてくださった方が京都の方で、「お金を出すから、京都の名前をつけるように」と言われました。将来少しでも有名な会社になると、社名を縮めて略称で呼ばれるようになりますから、そうすると京セラになってしまいます。ちょうどケ・セラ・セラという言葉が流行した頃であり、日セラや東セラと呼ばれるくらいならまだいいけれども、京セラではケ・セラ・セラのような感じでどうも語呂が悪く、様にならないと思ったほどでした。そもそもセラミックスという言葉自体が珍しく、京都セラミックと社名を言っても、当然ながら相手は何の会社かわかりません。日本のメーカーに製品を売りに行っても、なかなか相手にしてもらえず、門前払いを受けることがたびたびあり、非常に悔しい思いをしました。

そのことから考えてみましても、社名がブランドとして世間に通っているということは、本来なら販売戦略以前の問題ですが、やはり非常に重要なことだろうと思います。おそらく、中小企業を経営しておられる皆さんの中には、そうしたことですでにお困りの方もおられるでしょう。

また、お客様を訪問しますと、「何をつくっているのだ」と聞かれ、「セラミックスです」と答えると、「セラミックスとは何だ」と聞かれるので、「焼き物です」と言いますと、「焼き物とは、おたくは茶わんみたいなものをつくってるんやなあ」と言われました。自分のつくっている製品名が一般的でないということも、販売をする場合には、非常に困った問題になるわけです。

世間に社名や製品名を知られているということは、漠然としてはいますが、一種の信用です。しかし、私どもの会社には、最初は信用がなかったわけです。その場合は、皆さんもやっていらっしゃると思いますが、一般的には友人や知人、先輩を頼って仲介の労をとってもらい、他社の門をたたきます。それは真の信用とは違いますが、単独で行ったのでは門前払いを食らうので、そうした方々の仲介を得た上で、まず自分の会社を説明し、それから売り込みを行うわけです。

ですが、私には他社を紹介してもらえる先輩や知人があまりいませんでした。私の両親が鹿児島の出身であり、私も鹿児島大学の出身ですから、よき先輩や知人を京都にもっておらず、非常に困りました。日本の電子工業界における大手メーカーに行き、私どもが盛んにつくっているエレクトロニクス用のセラミックスが、非常に優秀であることをいくら説明しても、買ってもらえませんでした。

そこで、アメリカの企業に売り込むことを考えたのです。日本の電子工業メーカーが、戦後に今日の発展を遂げたのは、アメリカからの技術導入によるものです。東芝、日立はもちろんのこと、大小多くの企業が、欧米先進諸国からの技術導入によって、今日のエレクトロニクス産業をつくり上げていったわけですが、当時はちょうどそのような動きのさきがけの頃でした。日本という国では、長い歴史とその中で培った伝統というものがあって、初めて信用されるわけです。新参者の私どもが、いかに売り込みに行ってみても、なかなか相手にしてもらえません。そこで私は、日本の電子工業メーカーが技術を導入しているアメリカの企業に私どもの製品を使ってもらえば、日本のメーカーにも一も二もなくわれわれの製品を採用してもらえるだろうと考えたわけです。

さっそくアメリカへ行き、製品を売り歩きました。しかし、アメリカの販売事情などについては詳しく知りませんし、英語もできませんから、当然ながら売れるわけがありません。散々な目に遭い、涙を流しながら、風呂敷包みを提げて何回も何回もアメリカを売り歩いた記憶があります。

日本で販売するのと同じような努力を払ったところ、幸いその労は報われました。と申しますのは、長い歴史がある日本の場合、長く続いたということが偉大さの尺度ですが、アメリカは歴史の浅い国ですので、短い期間でいかに立派なことを成し遂げたかが、長く続けるよりもさらに立派だと言われるのです。

そういう点では、われわれ中小企業が新しいベンチャービジネスを評価してもらうには、アメリカは非常にいい土俵であったわけです。実際に京都セラミックは、テキサス・インスツルメンツやその他大手の電子工業メーカーに認められて、製品を使ってもらうことができました。それが良い効果を生んで、日本の企業もわれわれの製品を使ってくれるようになってきたわけです。その結果、私どもの売上が徐々に伸びていくことになりました。

ですから、中小企業の販売戦略の一番目としては、戦略とは言えないかもしれませんが、社名がブランドとして通っていなければなりません。しかし、最初はどこも社名が通っておらず、会社も小さいので、宣伝広告をするお金は当然ありません。その場合にはなんとかして社名を知らせていく努力をしなければなりません。私どもは偶然にもアメリカの先進企業に製品を使ってもらえ、そこから名前を売り込んだ日本企業にも採用してもらえました。もちろん、最も手っ取り早いのは、先輩や知人を頼って他社を仲介してもらうというやり方だろうと思います。ただし、仲介してくれる方の人格というものが大事であり、いい加減な人に頼みますと、自分の製品、ひいては会社まで疑われることになります。いずれにしろ、このことは非常に大事だろうと思います。

販売戦略二. 非常にクイックな開発能力をもつ

二番目は、短期間の開発能力をもつことです。私どもの製品はセラミックスですから、「電子工業用のセラミック材料をもってまいりました」と売り込みに行った場合、お客様がちょうどそれを欲しいと思っているか、つまりお客様のニーズにマッチしているかどうかが大事になります。ニーズに合っていないと売れませんが、ニーズに合った製品を全部もっているとは限らないわけです。特に中小企業やベンチャービジネスを始めたばかりの企業が、製品にバラエティーをもたせているわけがありません。ですから、売り込みに行ったときに偶然お客様から「もし、おまえたちがこういうものを今すぐ供給することができるなら、使おうではないか」と言われたことを、いかに生かすかが重要です。自社の製品がお客様のもっているニーズと合わなかった場合、お客様から新しいニーズを聞いて、どれだけ短期間で間に合わせられるか。それが簡単なことのようで難しく、非常に大事だろうと思います。

これを別の言葉で表現しますと、「技術開発能力」と言えます。それも非常にクイックな開発能力がないと、せっかく先輩や知人に他社を仲介してもらい、売り込みに行ったにもかかわらず、商売が成立しないことになります。別の新しい要求があった場合、それを咀嚼した上で、「私どもでしたら、このくらいの時間をいただけましたら、必ずつくってみせます」と言えるようでなければなりません。ただでさえ無名であり、お客様から相手にされない中で、巡り会ったせっかくのチャンスをものにできないという結果になります。

お客様が要求される商品を全部集めて対応するのは難しいので、不十分な体制のもとで、お客様のニーズをきっかけにして企業を発展させていく。そのためには、会社が小さくても小さいなりに、非常にクイックにニーズを満たす製品をつくっていける開発能力が、どうしても要求されるだろうと思っています。

販売戦略三：他社より優れた製品を継続的に供給する

三番目ですが、冒頭でも申しましたように、まず品質がいいということが、どうしても必要です。いかに立派な販売戦略を立てて、製品を売っていこうと思っても、品質が悪くては決して買ってくれないわけです。少なくとも他社より優れていなければいけません。そして、それだけの品質を、つくっているどの製品についても、継続的に供給できるようでなければ、販売というものはうまくいかないだろうと思っています。

販売戦略四．市場で勝てる値決めをする

四番目は値段です。私のポリシーとして、値段は他社よりいくらかでも安く供給するということがあります。

昔から私どもは値段を決める上で、「市場価格に対してコンペティティブなプライスで売ります」と言ってきました。本日のテーマは、工業部門における戦う中小企業の販売戦略ですが、工業メーカーの場合、通常は積み上げ方式でつくった価格の製品を出すわけです。材料費がいくら、製造の諸経費がいくら、一般管理費・販売費がいくら、利益がいくらで、合計いくらというように値段を決めていくわけですが、私どもは工業部門に属していながら、そうした価格決定の仕方を一切とっていません。価格というものは、自由競争のもとで働く市場のメカニズムで決まってくるものだと思っています。その市場価格に対するコンペティティブなプライス、

つまり競争できる価格は、同業他社より若干でも安い価格になります。

利益というものは、求めて得られるものではないと思っています。私どもの会社のコンセプトとして、価格が市場のメカニズムで決まるのに対して、われわれはコンペティティブなプライス、つまり他社よりも若干安い値段で売ります。その値段でいかに安くつくるかということについては、技術屋が全力を挙げて取り組みます。それには固定観念を入れません。すなわち、材料費が何%、人件費が何%、諸経費が何%というような固定観念は一切入っていません。

お客様との打ち合わせの中で、お客様から「こういうものをつくってくれ」と頼まれ、「われわれはこういうものを供給しましょう」と約束し、品質レベル、スペックなどが仕様書で決まるわけです。そこで決まった値段と品質保証条件を満たすもので、最も安くできる方法を考えます。売り値は市場のメカニズムによって決まりますので、われわれが生きていくために残された問題は、いかにコストを安くするかということです。そのために、材料費からあらゆるコストを極小に近づけていく作業をします。われわれの中では、そうした作業こそがプロダクションだと思っています。つまり、材料費がいくらで、諸経費がいくらという固定観念にこだわらず、あらゆる製造コストを極小にもっていく作業、それが技術屋の仕事だと考えています。

売り値が決まっていますから、コストを極小にもっていったときに出てくる差が利益です。ですから、いくらの利益が妥当だという考えは、われわれにはありません。つまり、コストそのものを極小にもっていこうという作業をするわけですから、「利益率が何％だからよい」というような概念は、私どもにはないのです。

私が他社を見ていて不思議だと思っているのは、例えば「売上利益率が一〇％あれば非常によろしい」「七〜八％ではまあまあだ」「五％ではちょっとしんどいのではなかろうか」という考えがあることです。同業他社や隣近所を見回して、「あそこは八％だが、うちは九％あるのでまだいい方だ」と考えたりします。つまり、世間ではそういう考えで経営を判断しているわけです。

しかし、私どもの場合は、製造コストそのものを極小にしていく作業こそが製造だと思っています。そういうことがやれるのは、何も私どもだけではなく、実は皆さんも無意識にやっておられるわけです。

例えば、電子工業関係の製品を見ていただければわかりますが、カラーテレビにしても、値段は据え置きで年々性能がよくなって、クオリティがどんどん上がってきています。一方、年々人件費が上がっているにもかかわらず、製品の値段は上がっていません。むしろ、数年前にとても高い値段がしていても、今日では非常に下がっているわけです。人件費も上がり、材料費も上がっているのですから、当然コストは上がるはずです。それが努力をすることによってコストが下がり、利益率が一定の範囲に収まっていくという、奇妙な現象が起きています。実はそのあたりに真理があるわけです。人件費が上がる、材料費が上がる、だから部品代も上げなければならないという考え方にとらわれていては、人並みの経営はできますが、それ以上の経営はできないだろうと思います。

値決めは経営。値決めはトップの役目

競争できる値段にするために、他社より若干でも安くする必要性を話しましたが、私は今日まで経営をしてきた中で、値段を決めることはたいへん大事なことだということを、最近特に感じています。値決めは経営そのものと言ってもいいと考え、私は社内でよく「値決めは経営だ」と言っています。

例えば、マーケットプライスをもとにして、他社とコンピート（競争）できる値段を考えますと、他社よりも安い値段になるわけです。では、どのくらい安ければいいのかという問題ですが、それは一営業社員が決めるものではありません。営業部長が決めるものでもないと思います。値決めというのは、まさにトップが決めるべきものだと考えています。それほど重要なことなのですが、そのような意識をもっていらっしゃらない方が非常に多いのではないかと思っています。

しかし、この値決めというのは難しいものです。市場価格に対してできるだけ安くすれば、大量に売れるかもしれませんが、利幅は狭くなります。また、あまり安くしないで普通の値段、つまり同業他社と同じ値段にすれば、利幅は広くなりますが、多くは売れないかもしれません。少なく売る代わりに利幅を広くして商売をするのか、利幅を縮める代わりにたくさん売って商売をするのか。簡単なようですが、どれほど利幅を縮めたときにどれだけの量が売れるのかはわからないわけです。利益の合計は、売った量と利幅との積ですが、その極大値を求めようとしても、いろいろなファクターが入っており、簡単に解くことはできないのです。

安く大量に売るような値段のつけ方も一理あります。そんなにあくせくして商売をするよりは、利幅を少し広くとって少量を売るというのも、一つの方法です。値段と売る量によって無数の選択肢があるわけですが、その中でどれをとるかということは、まさにトップが決めるべきことであって、一介の営業部長に決めさせる問題ではまったくありません。それを営業部長に任せておいて、「うちの会社はあまりぱっとしません」というようなことを言っている経営者が多いわけです。会社をどういう方向にもっていきたいのか、そのためには値決めをどうしたらよいのかというのがわかっていないからです。

本日は時間があまりありませんから、詳しく申し上げませんが、値段を決めるのはトップがすべきことであり、「値決めは経営」ということをぜひ忘れないでいただきたいと思います。

経営者の考え方で、商売の成否が決まる

売る側と買う側という関係図を書きますと、売る側はなるべく高く売って利益を多くとろうとしますし、買う側はなるべく安く買いたたいて、自分の利益を増やそうとします。つまり、どちらも利益を増やそうという激突状態にあり、それが商行為だと理解できるはずです。売り手が自分の利益をどんどん伸ばそうと思い、自社の製品の売り値を上げていくと、買い手にとっては自分の利益を喰われることにな

ります。

私どもの部品を使うことによって、あるコンピュータができるとします。その部品の値段を上げていくとしますと、それをコンピュータに使った場合、お客様の利益率が減っていくわけです。逆にお客様の方では、私どもの部品をどんどん買いたくことによって、自分の利益を増やしていこうとするわけです。そこで激突が起こるのです。

「あいつはよく営業ができる」「非常に営業の才能がある」「営業がうまい」とよく言いますが、どういう営業がうまいということになるのか。売った量が多いから偉い、というわけではありません。売り手と買い手の間で利益のシェアを分け合うという葛藤にうまく対応できる営業を、私は偉いと思っています。お客様が期待したほどの利益が得られない部品ですと、「おまえのところの部品は使わない」と言われます。売り手が自分の利益をどんどん得ようと思っていると、売り値が非常に高くなり、買ってもらえないという壁につき当たるわけです。

お客様がアクセプト（許容）する範囲以上に自社の利益を増やそうとしますと、

当然お客様から拒否されます。「おまえのところの製品は使わない。よそから買ったほうがもっと安い」ということを言われてしまうわけです。一方で、値段を下げていきますと、お客様の利益はどんどん増えるわけですから、売り値がタダになるまで商いは成立します。

このように、商いが成立する条件というのがいろいろとあるわけですが、その条件の中で、どのくらいリーズナブルな値段で注文がとれるかということが、営業の技量だと思います。マーケットプライスをはるかに下回る値段を提示して、大量に注文をもらって、「おれは注文をとれるのだ」と喜ぶ人がいるのですが、これは営業ではないのです。注文は売り値がタダになるまでもらえるのですから、どの値段で成約をしたかということが非常に大事なのです。

私がこう言ったからといって、自分の利益だけを追求しようと思って、常にお客様が許してくれる最高限度のところだけをとる姿勢をとっていますと、だんだん「あいつのところはどう考えても高い」と言われ、お客様が去ってしまいます。短期的には利益を得ても、長期的には利益が得られないことになります。しかし、できるだけ安く納めて、足が出るくらいの商売をしていては長続きしません。

ですから、どの値段が最適なのかという問題は、まさにトップが決めることなのです。そして、それはトップがもっている哲学に起因してくるわけです。えげつない性格の人はえげつない価格帯で値段を決めますし、気の弱い性格の人は気の弱い価格帯で値段を決めるわけです。気の弱い経営者は、年中お客様にいじめられて倒産することになりますし、えげつない経営者は年中お客様をだますようなことをして信用を失い、これもまた会社がつぶれることになります。

結局、どのような具合に値段を決めていくか、ということは、トップの哲学、すなわち人柄によるのです。営業部長に任せるわけにいかないと言っているのは、そういう意味だからです。社長の皆さんが値段をお決めになる分には、気が弱くてつぶれるなら、それはまさに皆さんの器、心の問題であり、皆さんがもっていたプアー（貧弱）な哲学が招いたことですから、あきらめもつきます。そうではなく、ご自分がプアーな哲学しかもたないのに、さらにプアーな哲学をもった営業部長に値段を決めさせ、それで会社がつぶれたときには、「あいつに任せたからや」と言ってみたところで、話にならないわけです。

経営というのは、まさにその人がもっている心、哲学で決まるものなのです。よく経営は芸術だと言いますが、それは今言ったように、値段の決め方一つを見ても、まさにバランスの問題なのです。えげつない性格の人では駄目ですし、気の弱い性格の人でも駄目です。では、どのような人であればいいかというと、それは両極端をあわせ持った人です。豪快さもなければいけませんし、繊細さももっていなければいけません。もちろん、そういう二律背反するものをあわせ持っている人はなかなかいないわけですが、そのバランスが少しでもとれていなければいけません。絵画を見ても、彫刻を見ても、バランスのとれていないものは芸術ではありません。経営というのは、経営するその人の心、哲学に最も起因すると思います。

私は技術開発の場合でも、そういうことをよく言うのですが、いかに技術に長けた人であっても、その人が立派な人物でない限り、決していい技術開発はできないというのが私の持論です。

販売戦略五．お客様の希望納期に供給する体制をつくる

五番目は納期です。これはご承知のとおり、お客様が欲しいときにタイミングよく製品を供給することです。しかし、それが決して完璧に行われていない会社が多いと思っています。お客様が欲しがっているときに、タイミングよく製品を供給してあげられる体制づくり、それはなかなか難しいことですが、これが完璧にできることが大切だと思っています。

営業の基本姿勢は、お客様への徹底した奉仕

ここまでの話をまとめてみます。一番目に、中小企業の場合は社名が売れていま

せんから、まず社名を知らしめることが必要です。二番目に、チャンスをとらえて売り込みに行ったものの、お客様のニーズに合う製品をもっていなかったときに、短期間でそのニーズに合ったものをつくれるだけの開発能力が要ります。三番目には、立派に商売を伸ばしていくために、安定したクオリティの製品を供給し続けられる能力が要ります。四番目には、マーケットの競争原理で決まってくる価格に打ち勝つような少しでも安い価格を、常に維持できなければなりません。五番目には、お客様が欲しがっているタイミングに合わせて製品を納入できる体制が必要だと申し上げました。

そのようなことができれば、中小企業の販売戦略としては十分かといいますと、そうではありません。それだけでは普通であって、私が最も重要だと思うことは、先ほどから何回も言及していますが、営業に関する基本的な考え方や姿勢、言葉を換えますと基本的な哲学というものです。今申し上げた五つの戦略を貫いていくための、営業に関するベーシックな哲学が、非常に大事だろうと思っています。

そのベーシックな哲学として、私は営業の人たちに「営業はお客様の召し使い、サーバントであるべきだ」と言っています。私は会社を創業してから、私自身が研究し、つくった製品を売ってまいりましたが、売っている間はずっと、お客様の召し使いとしての役割を甘んじて受けてきました。ただし、嫌々ながらも甘んじて受けるということではなく、気持ちよくお客様の召し使いをやってきました。今もそうしているつもりです。お客様の召し使いが気持ちよくやれないようでは、どんなに立派な販売戦略をもっていたとしても、絵に描いた餅のようなもので、決して成功するとは思っていません。

お客様の召し使いをするということは、とりもなおさず、お客様に対して徹底的に奉仕をするということです。ただし、値段と品質については、徹底的に奉仕ができない類のものです。値段における徹底的な奉仕をすると、タダで売るしかありませんが、それでは事業はできないわけです。いかにお客様に安く供給しようと思っても、製造コストがあるわけですから、やはり限界があります。クオリティについても徹底的に奉仕するとしますと、べらぼうな保証が必要になってしまいますから、やはり限界があります。しかし、納期を守ることについては、この二つに比べればもっと楽だと思いますし、もっと徹底してやれることとです。また、われわれがお客様に接する態度については、いくら徹底してもコストに跳ね返ってくるわけではありません。ですから、私どもは「お客様に対して絶対に徹底した奉仕をしよう」と言って取り組んでいます。

もっとも、値段と品質については限界があると申しましたが、私どもは常に無限の可能性を信じて、それを追求しています。「もうこれ以上値段は下がらないのではないか」と思っていても、お客様に要求されれば、なんとか今までの概念をくつがえして、値段を下げることに再度チャレンジをしています。品質の問題にしても、これ以上良いものはつくれないと思っているとしても、お客様の要求があれば、さらに徹底して品質を追求しています。

徹底したお客様に対する奉仕、もしくはお客様に対する召し使いのような態度というのは、どんどん廃れてきているはずです。経営をする中で、「消費者は王様だ」などと言われてはいますが、実際はそうではなく、お客様を大事にする姿勢は、どんどん廃れてきています。

例えばその証拠に、最近では小売商などを見ましても、五時になると、どこもシャッターを下ろしてしまいます。しばらく前までは夜七時頃まで店を開けていたのに、最近はもう五時で閉めるわけです。実は文明の発達の程度によって、店の閉まる時間が違うのです。実際に、発展途上国に行けば夜遅くまで店が開いていますし、文明が進んだところに行くと、より早く閉まるという現象が見てとれます。

日本でも、昔は夜遅くまで開いていたものが、今は開いていません。親子数人で商売している中小企業が、普通は五時で閉めるところを、あえて労を惜しまずに八時まで開けておくとしんどいわけです。「よそも近所もみな五時に閉め、後始末をして六時から一家で食卓を囲んでおられる。それを貧乏たらしく店を開けておいて、たまにしかお客が買いに来ないのに、そのたびに食事もそこそこに店に立たなければならないのは、どうもしんどい。そんなことをするくらいなら、もうお店を開けないほうがいい」と考えて、よそと同じ五時に閉めようということになってきます。徹底的に奉仕をすれば、利益は増えることがわかっていながら、それが実行できない。結局はやる気がないわけです。

いかに八〇年代から九〇年代に生き残るかというのが今日の本題のようですが、それは簡単なことで、みんながやらない、できていないことをすればいいだけなのです。皆さんがこういうところに出てきて勉強し、もっともらしいことを聞いて、そのとおりにするから、同じように駄目になってしまうのです。こんな話を聞くくらいなら、ご自分の仕事に対して、毎日精一杯努力をすれば、どんな時代でも生き残っていけるのです。

どんな時代でも、経営の原理原則を貫く

どんな時代でも経営の原理原則が変わるわけではありません。そんな簡単に変わってはたまったものではありません。もちろん環境条件は変わりますが、自分がもつ経営理念だけは簡単に変えてはならないのです。環境条件が非常に大きく変動していく中で、そのたびに自分の基本的な経営理念まで変えていったのでは、会社が

どこへ行くかわからないわけです。

京都にＭＫタクシーというタクシー会社があります。タクシーに乗って、こちらが行き先を言っても、運転手は仏頂面をして返事もしないのが当たり前です。しかし、ＭＫタクシーの場合は、こちらがタクシーに乗れば「いらっしゃいませ。どちらまでですか」と丁重に聞き、行き先を言えば「ありがとうございます」と言ってくれます。これは商売における初歩の初歩、当たり前のことです。たったそれだけのことですが、他のタクシー会社はどこもやっていませんから、それをやるだけで業績がぐんぐん伸びて、どのタクシー会社よりもいい業績を上げているわけです。

これは徹底的な奉仕などではありませんが、それだけで差がつくのです。ですから、そうしたことに加えて、徹底した奉仕をすれば、強力な営業になって、皆さんのところからものを買おうというお客様が増えるはずです。

また、私はよく知りませんが、最近の外食産業はどんどん伸びています。これはいいことだと思います。昨今は素うどんを食べても二〇〇円しますが、素うどんが二〇〇円もするのかと、よく疑問に思います。うどん玉が一ついくらするのかというと、今は三〇円くらいではないでしょうか。だしについては、いいかつお節をけずるわけではないでしょう。せいぜいじゃこでだしを出し、しょうゆなどで少し味つけをするくらいです。あと、素うどんにはネギがパラパラとかかっていますが、ネギ代は何十銭だろうと思います。サービスがよくて、せいぜいかまぼこが少し入っているくらいですが、かまぼこにしても、これ以上は薄く切れないというほど透けて見えるようなものが浮いているわけです。それが二〇〇円もします。それにかき揚げや油揚げが乗りますと、すぐに一〇〇円上がって三〇〇円になります。だから非常に高いのです。

アメリカの外食産業では、例えばマクドナルドにしても、ケンタッキーフライドチキンにしても、日本のうどん屋のようなものですが、あれだけ高賃金の国でも非常に安いのです。それに比べて、日本に古くからある食べ物は、異常に値段が上がってきています。確かに人件費が上がってきたかもわかりませんが、お客様に対する徹底的な奉仕をしようという意識はなく、楽をしてもうけようという意識になっています。そこに、外食産業が薄利多売を武器に進出していく余地があるわけです。

このように外食産業の方々が世の中を少しでもよくしていく方向にもっていくことは、非常に好ましいことだと思っています。

脱線しましたが、営業に関する基本的な姿勢、哲学というものが非常に大事であることの一例として申し上げたわけです。やはり大事なのは基本的な姿勢です。それは徹底した顧客への奉仕であり、お客様の召し使いに徹するという哲学がベースになるのだ、ということを私は言いたかったのです。

いかに複数のお客様を満足させるか

同じようなことですが、若干ニュアンスが異なる事例についてお話しします。皆さんの中にいらっしゃるかどうかわかりませんが、私どものような企業で、工業用部品をつくって、大手のアセンブリメーカーに納める場合、特定の大手メーカー一社に納めるケース、または同じような規模をもつ複数のメーカーに納めるケースがあります。

営業姿勢というのは、そのケースによって変わってきます。他社へ納めてもいいというメーカーもありますが、大手メーカーの場合、「うちだけに納めなさい」というポリシーのところもあります。大手企業一社に納めている中小企業は、非常に先行きが危険ではないかと思っています。

なぜ危険かと申しますと、大手メーカーから関係を切られたときに危険だから、という意味だけではありません。常に製品を一社だけに売っていますから、お客様に対する徹底的な奉仕という問題を一つとっても、最初は値段も安く品質のいいものを一生懸命につくっていたのが、だんだん長いつき合いになっていきますと、甘えが出てきます。「値段をもっと安くしろ」と言われても、「いや、できません」と言ってしまう。そのように、なれ合いによる甘えが生じ、それが信頼関係を崩していくのです。

逆に買う側から見た場合はどうなるか。最初のうちは、その部品供給会社が下請けとしてよくやってくれることに満足を感じています。しかし、それが何年もたち、慣れてきますと、比較対照するものがなくなります。最初の頃は、あのAという会社よりは、このBという会社のほうがずっと良いサービスをするし、一生懸命納期も守ってくれるし、いい会社だと思っていた。それが、長いつき合いになってきますと、比較する相手がありませんから、満足感が薄れ、だんだんわがままになり、そのために亀裂が起こってくるわけです。

このように、どちらの立場から見ても利害が合わず、弊害を生んでいき、結果的には一社とだけつき合っているために駄目になっていく、という危険をはらんでいることになるわけです。ですから私は、複数の会社に納めさせてもらうことが、どうしても必要ではないかと思っています。

ただし、複数の会社を相手にしていくのは確かにいいことですが、複数の相手に製品を納めて、どこも満足させることは簡単にできないはずです。複数の相手を本当に満足させるためには、徹底的に奉仕することが必要だからです。複数の相手に製品を納め、すべてを満足させるのが理想だということを私は言いたいわけですが、一社に納めるだけなら満足させられたものが、納品先を複数にすることによって、どこも満足させられなければ、これはかえって危険なのです。そういう中途半端な結果になるくらいなら、一社とだけ取引したほうがいいかもしれません。しかし、本当の意味で会社を安定させるためにも、また相手と長くおつき合いしていくためにも、複数の相手に納入するほうがよいと思っています。

そうすると、それぞれの相手から、「値段を安くしてくれ。品質はさらに上げろ」と言われるし、忙しいときは夜中にでも「製品をすぐにもってこい」と言われます。私が言う徹底的な奉仕をするとなると、夜中に従業員がいない場合、社長自ら車やバイクに乗って、製品を納めに走らなければならないわけです。複数の相手が同時にいると、体がいくらあっても足りなくなってきますが、私はそれをうまく処理する能力が要るのではないかと思います。私どものように、系列に属さない中小企業が電子部品や電子工業用の材料をつくって、日本はおろか世界中の大手メーカーに納めさせてもらうということになってきますと、中にはたいへん過酷な要求もあります。それらをうまく処理していく必要があります。

よく考えてみますと、例が不適当かもしれませんが、今までやってきたことは、バーのホステスと同じようなことではないかと思います。詳しくは知りませんが、バーのナンバーワンと言われるホステスは、多くの指名客をもっていて、どの客も「あの娘は愛嬌がある」というだけで、常に飲みに来てくれます。誰か特定の客にのめり込んでしまうと、他の客が指名してくれませんから、どの客にも愛想よくするわけです。どの客にも「この娘はおれに惚れているんやなあ」と思わせることが必要です。それによって、通ってくる男性客がみな、「あの娘はええ娘や」と言うのです。親切でなかなか愛嬌もあるし、サービスもいいし、気立てのいいナンバーワンホステスというのは、不特定多数の客をうまくもてなし、満足させていく術を自然にもっているのではなかろうかと思います。

そう考えるなら、われわれが連れ添っている女房との関係は、一番よくないと言えるかもしれません。年中夫婦げんかをやっているとしますと、たった一人の相手すらも満足させられていないからです。

私どもがお客様を相手に製品を売っていくには、先ほどのナンバーワンホステスの例のように、誰からも好かれなければなりませんし、特定のお客様にのめり込んではいけないのです。どなたにも好かれなければいけないということは、本当は誰にも心からは好かれていないということです。この矛盾を矛盾とせず、誰からも好かれるようになるには、日頃の熱心な努力がなければならないことだろうと思います。それを先天的にできるバーのホステスの方は別として、われわれのような凡人の場合は、四六時中そういうことを考え、努力をして初めてできるのではないだろうかと思っているのです。

商いの極意は、お客様に尊敬されること

脱線しましたが、そういうことを一つとってみても、営業に対する基本的な姿勢、基本的な哲学というものが非常に大事ではないかと思っています。今言いましたような六つの事柄をずっと実行してきて、すばらしい実績が積まれていきますと、「あの会社は信用がある」「あいつは信用できる」というように、信用が生まれてき

ます。すると、継続的な注文がくるようになり、企業経営が軌道に乗りだし、安定した時期を迎えてくるわけです。まさに古くから言われているように、商いというものは、信用をつづっていくことの積み重ねになるわけです。

皆さんもよくご存じのとおり、「儲ける」という字は「信じる者」と書きます。つまり、自分を信じてくれる者が増えてくると、もうけが多くなるわけです。私は、もうけの極意は信者をたくさんもっている集団、すなわち「宗教」にあると思います。宗教は何も与えずとも、お説教と来世の幸せを説くことによって寄付がもらえ、コストゼロで利益が増えるわけです。このことを考えてみましても、私はやはり、信用されることが商いの第一歩だろうと思います。

これは古くからそう言われてきていますので、まさにそのとおりだろうと思いますが、私は最近、少し考えが変わってきました。商いの極意は信用だと言われますが、信用よりももっと先に、大事なものがありそうな気がします。もちろん、信用というものはベースです。信用されるためには、それだけの行為がなければいけませんし、過去のすばらしい実績があって初めて信用されるわけです。その上に、私はさらに何かがまだ奥にありそうな気がするわけです。

それは、信用されている人または会社が、さらに徳を備えているということだと思います。営業に対する姿勢、哲学をさらに掘り下げていきますと、その人や会社には徳性が備わっていきます。

信用を築いていくには、いい品物を安く正確な納期で提供し、すばらしい奉仕の精神で尽くすことが必要です。私は、このようなすばらしいパフォーマンスを確実にはたし、信頼の置ける人に徳性が備わると、信用という段階を越えて、尊敬という段階になっていくと考えています。

商いの極意というのは、お客様に尊敬されることだろうと私は思います。尊敬されれば、値段がいくらかという問題ではなく、「あなたの会社からしか買わない」と言ってもらえるわけです。「あなたの会社から買うのが最もいいことだ」と言われるくらい、お客様をして尊敬せしめるだけの器をもった人や会社になることが、商売の極意だろうと思っています。

それでは、徳性というのは何であるかというと、それはその人のもっている哲学なのです。すばらしい実績を上げるという信用の段階を越えた、さらにその上にある、その人のもつ哲学です。そういうものがあって初めて尊敬されるのだと、私は思うのです。

お客様をして尊敬せしめるだけの人物であれば、値段を他社と見比べて、安いから買ってもらえるのではなく、絶対的に信頼されて買ってもらえるわけです。絶対的に信頼された以上は、決して相手を裏切ってはならないのはもちろんです。もっとも、それだけの徳性をもった人であれば、裏切るようなことは当然しないと思います。

信用を築くためのプロセスを六つほど申しましたが、それを真剣に実行する一方で、営業に対する姿勢、もっと詳しく言いますと、営業の哲学というものをアウフヘーベンしていく。つまり、さらに高いレベルにしていくことによって、お客様をして尊敬せしめる段階までいくべきであろうと思います。

そうすれば、世界的な営業もできるはずです。それは、必ずしもロジカルでまことしやかな国際販売戦略に基づくものではないはずです。個々のケースですばらしい哲学に裏打ちされた営業を行っていくことが、私は優れた販売戦略になっていくと思っています。

私どもは今日、ヨーロッパやアメリカに関係会社をもっています。アメリカに会社をつくって一〇年になりますが、今年の売上だけでも一億八〇〇〇万ドル、従業員が一九〇〇人となり、さらに伸びていくだろうと思っています。これは、たいへん優れた経営学者が考えたような販売戦略を組んだ結果ではありません。今申し上げたようなことを基本に置き、一〇年間ずっと、目の前にあることを着実に一歩一歩積み重ねていったことが、今日のアメリカにおける成功につながっています。

工業用の製品を特定のアセンブリメーカーに納めていくというケースについても、実例を交え、皆様にお話しいたしました。これはまさに私が自分でやってきたことであり、使っている言葉やお話しした内容も、現地の営業担当と日夜ディスカッションするときのものですので、必ずや皆様のお役に立つのではないかと思います。

売れないものを売るのがプロ

私どもはこれまで大手のアセンブリメーカーに製品を納めてきましたが、その一方で、鉱物結晶の研究を行っている関係で、その技術を用いて宝石をつくるようになりました。私どもは再結晶宝石と言っています。具体的には、クレサンベールというブランド名で、エメラルドやアレキサンドライト、最近ではルビーも出しています。本年中には、サファイアとその他二、三の新しい宝石も出す予定です。

天然のエメラルドは、最近では非常に品質が落ちており、クラックやキズの多くあるものが、天然と称して高く売られるという問題がありました。そこで私どもは、天然の宝石とまったく同じ化学成分と結晶構造をもったものを、人工的につくり出したわけです。ところが、それが売れるかと思いましたところ、予想に反してまったく売れず、「そういうまぎらわしいものが出てきて、安く売られたのでは、たいへん困る」ということで、天然のものよりも立派なのですが、天然宝石業界から総スカンを食らったわけです。私は技術屋ですから、いいものができさえすれば売れると思ったのですが、そうではなかったのです。

ですから私は、今まで自分がやったことのない、一般消費者に直接売ることを決めました。天然の宝石とまったく同じものを人工的に再結晶させるというクリエイティブな技術開発をやったわけですが、それが市場に受け入れられないことになり、「天然宝石業界がまったく売ってくれないのなら、どうせ石も自分たちで独創的につくったのだから、マーケットも自分たちでつくってみよう」と考えたわけです。

今までのマーケットは、まず天然宝石業界があり、その他はイミテーションの業界しかありませんでした。ところが、真珠においては、天然真珠、ガラス玉に色を塗ってつくったイミテーション真珠の他に、御木本幸吉さんという方が天然の貝に核を入れて育てた、養殖真珠というものがあり、合計で三種類の真珠があります。宝石では人工的につくったものの存在が認められていません。

誰かがイノベーションを起こしても、それが偉大な人によるものでなければ、なかなか認められないということがよくあります。そうであるならば、人工的につくってはいるけれども、天然の宝石とまったく同じ組成をもつ宝石というマーケット・コンセプトを新しくつくればいいのではないかと思ったのです。つまり、「誰もつくらないのだから、自分でつくってやろう」という、ある意味では不遜な考えで始めたわけです。

しかし、従来のように世界中の大手電子工業メーカーに製品を納めていればよかったのと違い、消費者に直接宝石を売っていくということで、今までに遭遇したことがなかった問題につき当たりました。当然、流通経路の問題がありますが、われわれがつくった再結晶宝石は、天然宝石の流通経路では扱ってくれません。扱いたいと言ってくる人も多くいましたが、ほとんどがインチキな感じのするわけのわからない人で、素性の確かな人は扱ってくれませんでした。

先ほど言いましたように、お客様に対して徹底的に奉仕をするのが、私どもの方針です。ですが、そのために全国津々浦々にセールスマンを置くわけにもいかないので、当然代理店を使わなければならないと考えました。今までは相手が大手メーカーだけだったのを、今度は代理店とエンドユーザーという二つのお客様へ、徹底的に奉仕することを決めたわけですが、すぐには誰も扱ってくれませんでした。仕方がありませんので、私は新たに代理店の募集をしました。宝石の専門業者でもない人を選んで、「何を売っておられても構いません。私どもの新しい宝石を売る情熱のある方を求めます」と言って募集し、その方々に売ってもらうことで展開してきました。

これは新しい試みでした。既存の流通ルートが扱ってくれないため、まったく異なる業種の方々を集めた集団をつくり、それを全国展開することによって新しい代理店網をつくることにしました。われわれが扱うのはまったく新しい宝石であり、クリエイティブなものをつくったのですから、販売でも新しいことをやったらどうだろうと考えたわけです。

ＪＣの方に多いと思いますが、お父さんがやっておられた仕事を引き継いだ人などは、なかなかクリエイティブなことができないものです。なんとか今の安定した会社を守っていくことしかできないのです。そのように現状に安住するところからは、革新的なことなどは生まれてこないのです。私は常に逆境の中で事業をしてきたため、石を売ってくれないなら自分で売ろうと考えたわけです。

大手流通業の方々に知り合いがいましたから、この販売を自分で始める前に、話を聞いてみました。その方々は、ものを売ることにかけては専門家のはずです。現在大手のスーパーや百貨店の方々ですから、売ることについては右に出る者はいないだけの自信をもっています。しかし、その方々に新しい宝石を売ってもらおうと思い、お目にかかったところ、非常に失望しました。ものを売ることの専門家だと思っていたのに、実はそうではなく、売れるものを売っているだけだったのです。大資本を背景に、誰にでもできることをしていたのです。

子供の頃、田舎の村や町のお祭りで神社に行きますと、よく夜店が並んでいました。あの夜店は近所の暴力団が地割り（土地の割り当て）をして、俗に言うショバ代を稼いでいます。極端に言いますと、最近の百貨店も、同じように売る場所を専門店に貸しているだけです。できるだけ高いショバ代をとり、売れるものを売るだけであって、売ることのプロではないのです。

売れるかどうかわからないものを、リスクをかけてでも売ろうというプロに、私は今までお目にかかったことがありません。ですから、われわれは製造の技術屋ではあるけれども、販売のプロにもなってみようではないかと思ったわけです。誰もが売れるとは言わない、また実際に売れてはいないものを売ってみようということで、私どもはチャレンジしたのです。

現在、宝石の事業を始めておよそ五年が経過しましたが、売上も伸びてまいりました。おそらく月に三億円ほどの売上です。私どもの出し値が三億円ですから、代理店の一般的な上代価格ですと、もっと高くなります。また、年末には五億円を目指してがんばっています。素人の集団が素人の代理店を使って展開していますが、昔から有力な流通経路をもっている専門業者の方々も、われわれがある程度成功をすれば、必ず「われわれにも売らせてくれ」と言ってこられるだろうと思っています。そうなるように、われわれはがんばっていこうと思っています。

商品普及・市場開発の五つの段階

最後に一言だけつけ加えさせていただきます。これはある方にお聞きし、非常に感銘を受けたことなのですが、商品の普及段階、もしくは市場開発の発展段階は、文明の進展の度合いと同じなのだそうです。

開発された新製品は、まずイノベーター（革新者）と呼ばれる人々が採用します。服飾などの世界ですと、流行になる前の、いわゆるモードというものをとり入れる人たちのことです。市場全体における二・五％ほどの人がイノベーターになります。その次にアーリーアダプター（初期採用者）と言いまして、モードを早めに受け入れてくれる人たちが一三・五％います。

再結晶宝石を市場に投入していく場合、最初に周りの理解を得られず苦労する段階では、イノベーターである市場全体の二・五％しか同調者はいないわけです。それでも努力をしていますと、それを理解し、採用してくれるアーリーアダプターが現れます。それが市場全体の一三・五%です。さらに努力をしていますと、その次に早めに採用してくれる人たちとして、三四%のアーリーマジョリティ（前期追随者）が現れます。ここまでくると普及段階になります。

イノベーターが現れ、アーリーアダプターが生まれてくる段階までいきますと、普及に向けて相当な加速度がついていきます。文明が進展していく場合も、まずイノベーター、その次にアーリーアダプターがおり、アーリーマジョリティと続きます。

そして、三四%のレイトマジョリティ（後期追随者）という、周りがとり入れているのを見てから採用する人たちに普及し、最後に一六%のラガード（遅滞者）という人たちに普及していきます。ラガードとは、古い保守的な考えに凝り固まった、新しいものが伝統になるまで採用しない人たちです。例えば、「私は日本に昔からある着物しか着ない」という人です。どの世界やどの民族でも、およそこのような構成になっているのです。

イノベーターとアーリーアダプターを引き込み、アーリーアダプターが採用するところまで努力し、さらにアーリーマジョリティが使い始めると、完全に流行してくるのです。この間にたいへんな努力が要るのです。服飾などの世界では、一部の人だけに採用される段階をモードと言い、その次の社会に広く採用される段階をファッションと言います。そうした段階を経て普及していくのです。ですから、製品を市場に投入する場合は、イノベーターの段階でつぶされたのではもちろん駄目なのです。

私どもも、宝石という世界で販売経路を何ももたず、悪戦苦闘をしています。皆様の中で、「おれも手伝ってやろうか」という人がおられましたら、ぜひ教えてください。一緒に手をつないでがんばっていきましょう。

これで終わります。ありがとうございました。

要点

自社の製品がお客様のもっているニーズと合わなかった場合、お客様から新しいニーズを聞いて、どれだけ短期間で間に合わせられるか。それが簡単なようで難しく、非常に大事なことである。

◉お客様のニーズをきっかけにして企業を発展させていく。そのためには、会社が小さくても小さいなりに、非常にクイックにニーズを満たす製品をつくっていける開発能力が、どうしても要求される。

◉いかに立派な販売戦略を立てて、製品を売っていこうと思っても、品質が悪くては決して買ってくれない。少なくとも他社より優れていなければいけない。そして、それだけの品質を、つくっているどの製品についても、継続的に供給できるようでなければ、販売というものはうまくいかない。

売り値は市場のメカニズムによって決まる。残された問題は、いかにコストを安くするかということだ。そのために、材料費からあらゆるコストを極小に近づけていく作業をする。固定観念にこだわらず、あらゆる製造コストを極小にもっていく作業、それが技術屋の仕事である。

売り値が決まっているから、コストを極小にもっていったときに出てくる差が利益である。だから、いくらの利益が妥当だという考えはない。「利益率が何%だからよい」というような概念はない。

人件費が上がる、材料費が上がる、だから部品代も上げなければならないという考え方にとらわれていては、人並みの経営はできるが、それ以上の経営はできない。

◉

マーケットプライスをもとにして、他社とコンピート（競争）できる値段を考えると、他社より安い値段になる。では、どれくらい安ければいいのか。それは一営業社員が決めるものではない。営業部長が決めるものでもない。値決めというのは、まさにトップが決めるべきものである。

◉

どの値段が最適なのか。それはトップがもっている哲学に起因してくる。えげつない人はえげつない価格帯で値段を決めるし、気の弱い性格の人は気の弱い価格帯で値段を決める。気の弱い経営者は年中お客様にいじめられて倒産することになるし、えげつない経営者は年中お客様をだますようなことをして信用を失い、これもまた会社がつぶれることになる。

◉

経営というのは、まさにその人がもっている心、哲学で決まる。どのような人であればいいかというと、それは両極端をあわせもった人である。豪快さもなければいけないし、繊細さももっていなければいけない。

◉

お客様の召し使いが気持ちよくやれないようでは、どんなに立派な販売戦略をもっていたとしても、絵に描いた餅のようなもので、決して成功しない。お客様の召し使いをするということは、とりもなおさず、お客様に対して徹底的に奉仕をするということだ。

◉

値段と品質については限界がある。それでも、常に可能性を信じて追求していく。「もうこれ以上値段は下がらないのではないか」と思っていても、お客様に要求されれば、なんとか今までの概念をくつがえして、値段を下げることに再度チャレンジをする。品質の問題にしても、これ以上良いものはつくれないと思っているとしても、お客様の要求があれば、さらに徹底して品質を追求していく。

◉どんな時代でも経営の原理原則が変わるわけではない。もちろん環境条件は変わるが、自分がもつ経営理念だけは簡単に変えてはならない。環境条件が非常に大きく変動していく中で、そのたびに自分の基本的な経営理念まで変えていったのでは、会社がどこへ行くかわからない。

◉信用を築いていくには、いい品物を安く正確な納期で提供し、すばらしい奉仕の精神で尽くすことが必要である。このようなすばらしいパフォーマンスを確実にはたし、信頼の置ける人に徳性が備わると、信用という段階を超えて、尊敬という段階になっていく。商いの極意というのは、お客様に尊敬されることである。

◉

徳性とは何であるかというと、それはその人がもっている哲学である。すばらしい実績を上げるという信用の段階を越えた、さらにその上にある、その人がもつ哲学である。そういうものがあって初めて尊敬される。

KAZUO INAMORI LECTURES

企業の「パイロット」としての役割をはたすには

盛和塾京都塾長例会講話——一九八九年六月二三日

背景

本講演は、盛和塾京都塾長例会にて、企業の経営管理のあり方について、第二電電の例を引きながら講演したものである。

一九八三年七月に「盛友塾」として発足した経営者の勉強会は、この一九八九年四月に「盛和塾」と名称変更した。同時に盛和塾事務局が設置され、その活動が本格化した。

個々の事業の実態を的確に把握する

個々の事業の実態を的確に把握するということは、経営においてとても大事なことです。しかし実際は、その必要性は理解しながらも、やっておられない経営者の方が多いと聞き、たいへん驚いた次第です。

私は先週一週間、比叡山にあるホテルで、世界各地から集結した京セラグループの幹部と終日会議を行いました。それは「京セラグループ国際経営会議」といい、世界各地の現地法人などの業績と今後の予定を発表するという会議なのですが、私がそこで力説したことがあります。それは、「経営者というのは操縦席に座っているパイロットみたいなものだ」ということです。飛行機のコックピットに座りますと、前に計器がズラリと並んでいます。パイロットはその計器を見て操縦をします。同様に経営においても、経営判断の指標となる数値が経営者に把握できるようなシステムができていなければ、いくらすばらしい着想をもとにビジネス展開を図ろうとも、経営はうまくいくはずがありません。

またその際、どういう指標が経営者の目の前に出てくるようにするのかということがたいへん大事になります。もし経営に必要な指標が部門別にすぐにわかるようなシステムになっていないのであれば、それはあたかも盲目飛行をしているようなものなのです。

具体的な事例として、第二電電での例があります。第二電電の経営では、的確な経営資料に基づいて合理的な経営管理システムをつくり上げたということが成功要因の四分の一くらいを占めていると考えています。

第二電電の経営資料は、経営状況がたいへんよくわかるようになっています。前日までの経営実績がちょうど一ページにうまく表現されているのです。

例えば、日本全国でどれだけ電話コールがあったかというコール数とその累計、一コール当たりの単価とその合計、累積の契約者数と前日の契約者数、アダプターの累積総数と前日に設置されたアダプター数、そして、そのアダプターにつながっている回線数などのデータがすべて出るようになっています。この経営資料だけは、私が世界のどこにいても手元に届くようになっています。私は毎日この資料を見ているのですが、ほかにもたいへんすばらしい経営資料がいくつもあります。

また、このような経営資料は迅速に出てくるものでなければなりません。例えば、月次で決算を行うとすれば、月末から一週間あるいは一〇日以内に数字がまとまるようでなければなりません。さらに皆さんは多くの場合、決算は経理屋さん任せにして、採算管理では一般的な決算書を使われていると思います。しかし、そのような経営管理では実際の経営には役立たないのです。

私は技術屋で経理を知らなかったせいもあって、経営者が本当に使いやすい経営管理システムを独自につくり上げていきました。このシステムは、京都の老舗企業から来られた経理担当部長に、私が「それでは駄目だ」とガンガン言い続けてつくり上げてきたものです。彼はのちに、その経験を通じて、『京セラ会計学』という社内出版物をまとめてくれました。

彼は戦時中に和歌山高商を出て、その後、経理畑でたたき上げてきた人物で、経理については専門家としての自負をもっていました。そんな彼に、素人の私がいろいろと注文をつけるものですから、「何も知らないくせに無茶なことを言う」と最初は思ったらしいのです。しかし、私に言われたとおりにやっていくうちに、私の考える経理のあり方にはすばらしい整合性と合理性があり、矛盾がないと気づくようになったというのです。

当初、彼は経理屋の視点から「経理はかくあるべし」と反発していたのですが、それは私から言わせると「経営者の視点とはまったく違う」ものでした。

例えば、自動車のダッシュボードにエンジンの回転計がついています。あれは普通の運転をする人にはまったく要らないものですが、自動車をつくっている技術屋や高度な運転をする人にとっては、欠かすことができないたいへん重要なインジケータなのです。

同様に、経営者にとって必要不可欠で最も使いやすい経営管理システムをつくらなければなりません。経営者として、毎日自分が見て、正しい経営判断を下すことができるだけの経営指標が、タイムリーにすぐに出てくるようなシステムを構築しなければならないのです。

経営の実態が、正しく見えなければならない

その具体的な例として、関西セルラーという携帯電話の会社設立時の話をしたいと思います。携帯電話のような移動体通信事業は一種の装置産業で、まず通信インフラをつくらなければならず、そのための大きな初期投資を必要としました。移動体通信事業の通信インフラとは、電波の受発信を行う基地局を次々に設置し、その基地局を中継する交換機を設置していき、蜂の巣状に通話エリアをつくっていくというものです。

このような移動体通信事業の場合、利用者数に関係なく費用はほぼ一定になります。初期投資は大きいのですが、利用者数が損益分岐点を超えた後は利益がどんどん拡大していきます。一方、損益分岐点に届かなければ大きな赤字になります。

つまり、このような事業の成否は、最初に一定以上の利用者を獲得できるかどうかにかかっています。ですから事業をスタートさせたときの取り組みが肝心です。そのため私は、関西セルラーを訪ねるたびに「利用者を増やすために代理店はどういうふうにつくりましたか。またそれは現在どうなっていますか」などと、利用者を増やすための方策を聞いていました。しかし、何度言ってもスタートダッシュで利用者を獲得することの重要性がわからないようなので、よく幹部を叱っていました。ようやくそのかいあってか、最近では関西セルラーの社長自身が〝初戦に勝つ〟と紙に書いて社長室に貼っているようです。

〝初戦に勝つ〟ためには、緻密な採算計画が必要になってきます。そこで、まずは何人くらい契約者があれば利益が出るのかを試算しました。すると、二万五〇〇〇人という試算が出る一方、三万人とか三万五〇〇〇人という試算も出てくるわけです。またさらには、「三万五〇〇〇人も入れば、基地局が足りなくなるので増設が必要です」と言い出すのです。もし基地局を増設することになると、その分さらに費用がかかります。その費用を入れて試算しなおすと損益分岐点が変わり、さらに利用者を増やさなければ採算が合わなくなってしまいます。

だから私は、「それではまるで追いかけっこで、採算が合わないままに、どんどん設備投資を増やしていかなければならないではないか」と叱ったのです。そして、どうもわかっていないようなので、「試算表をもってきなさい」と指示しました。

その試算表を見ると、案の定、売上が急激に増えて黒字が出た後、また急激に赤字になるというように、月々でたいへん変動の激しい試算表になっていました。これではまったく経営になっていません。このことで、私は京セラの国際経営会議でも、海外の現地法人の経営幹部に次のように注意したのです。

「あなたの年間経営計画の発表を聞いていると、売上と利益が大きく増減している。季節要因があって、どうしてもある特定の時期に増えるという事業なら別だが、特に要因もないのに売上や利益が大きく増減し、収益が安定しない。半期や通期でまとめてみれば利益が出ているので、あなたは経営がうまくいっていると思っているが、月別に細かく見てみると利益が大きく異なる。これでは経営はできない」

これをヘリコプターを例にお話しします。ヘリコプターには必ず高度計がついています。ヘリコプターの操縦士はこの高度計を見ながら飛行するわけですが、普通のヘリコプターには二つの高度計がついています。一つは外気圧を利用して高度を測定する気圧高度計と、もう一つは電波を出して地上から反射して返ってくるまでの時間を利用して高度を測定する絶対高度計です。つまり、気圧高度計は海面からの高さを表し、絶対高度計は地表からの高さを表します。

ヘリコプターで山上を飛んでいますと、常に地形が変わりますから、地表からの高さは頻繁に変動します。このときに気圧高度計だけを見て飛んでいると、地表からの高さに気づかずに墜落する危険性が出てきます。そこで絶対高度計も見て、自分の高度を正確に把握しなければならないのです。

経営にしても同じことです。利益が出たり出なかったりするのを見て、「よくわからないけれども、うちの会社の経営はこのようなものです」と多くの方が思っているわけです。しかし、なぜ利益が増減するのかを調べてみると、実は特別な収入があったからだとか、特別な出費があったからだということなどがよくわかってきます。

大切なことは、業績の変動をそのままにするのではなく、自分が経営している会社の実態が正しく見えるようなシステムをつくり、その変動要因を除去することです。このことが経営の要諦です。

部門別採算と「一対一対応」の会計原則

例えば、先の関西セルラーを例にとり説明をしてみましょう。

まず、開業するにあたって予想される売上や利益を試算しました。すると、最初から黒字になる場合、当初赤字で途中から黒字になる場合、また赤字がずっと続くという場合と、いろいろな試算が出てきます。

携帯電話のビジネスは、代理店を通じて展開するのですが、その代理店がお客様と契約をされますと、契約金が入ります。またそれ以降、毎月、基本料金が入ります。さらにはお客様が通話をされますと、翌月に通話料金が支払われます。そして代理店にコミッションを払います。つまり、まず収入の欄に契約金が入ってきます。契約金は一人当たり六万五〇〇〇円として、もし最初に一万人の契約がとれるとすると、契約金だけで六億五〇〇〇万円の売上になります。

また、一ヵ月の基本料金が一万二〇〇〇円ですから、一万人とすれば毎月一億二〇〇〇万円が売上になるはずです。そうすると、契約が多くとれた月は売上が突出します。その代わり出費の方も、代理店へのコミッションや自動車への取付工事代が生じ、急に膨らむわけです。

もしこのとき、「契約をとっていただきさえすれば、契約金六万五〇〇〇円が未回収でも、代理店にはその月に一万円のコミッションを払います」としていた場合、支出だけが先にあがって、売上は後からくることになり、今度は支出だけ急に増えて、大きく利益が落ち込みます。このようなことから、月末の利益だけを見ていますと、ものすごい赤字が出たり黒字が出たりするのです。

ほとんどの会社でも同様に、結果を見て一喜一憂するだけで、何でそうなったのかがわかっていません。月次決算をやっておられる会社でも、こういう経営に陥っているケースが大半です。

だから、関西セルラーの幹部には、「移動体通信事業という単一事業をやっているとしても、会計上は三つのオペレーションに分けなさい」と私は指示しています。一般的にも、もし移動体通信事業と物品販売事業というように、明らかに異なる事業をやっているとすれば、二つの事業に分けると思います。しかし、移動体通信という単独事業であったとしても、その経営の実態を表すためには、その中を三つのセグメントに分ける必要があります。

例えば、契約を一つの事業とみなします。契約における収入は、一人当たり六万五〇〇〇円×契約数です。一方、支出は、代理店へのコミッション、現場の申請代、または取付工事代などです。ここで大事なことは、「一対一対応」であるということです。先ほど言いましたように、「とにかく契約さえとれば、コミッションはすぐ払います」としていると、収入より支出が先に計上され、一つの契約における収入と支出が対応しなくなります。それを対応させるためには、お客様と契約をしたら、そのお客様から契約金六万五〇〇〇円を支払ってもらったか、もしくは二、三日で支払うことが確約されているかを確認します。それを確認した上で申請代、取付工事代、代理店へのコミッションを支払います。

私は会計とは、そのように「一対一対応」でなければならないと考えています。ところが実際にはまだお客様から入金がないけれども、先に支出が生じるということがあります。しかし、それをそのまま経理処理してできた採算表は、経営指標とはならないのです。

逆にものを売ったのに仕入れがないということにもなります。例えば、あるブティックでお客様が買いたい品物がなかった。そこで、その店がメーカーに在庫を確認したところ、在庫があったのでお客様には前払いしてもらい、そのお金を売上に計上しているとします。このような処理は、正しくありません。あくまでも「一対一対応」の処理をすべきなのです。具体的に数字を当て込んでみます。ある有名なブランドものの婦人服の価格が五〇万円として、その仕入れ代が三〇万円、そうすれば二〇万円のマージンを得ることになりますが、先ほどの例であれば、三〇万円の仕入れ代がまだ発生していませんから、五〇万円がそのまま利益として計上されてしまいます。

このようなことがないように、京セラでは必ず「一対一対応」を原則としています。また、京セラの経営管理部門に指示すれば、コンピュータで瞬く間にそのような「一対一対応」に基づいた経営指標を打ち出してくれます。このようなシステムを見て、京セラの公認会計士も、「これだけのことをやっている会社はまずありません」と舌を巻かれたくらいです。

多くの会社では、このような経営者が本当に必要とする数値が出てくるシステムができていません。ですから、もし業績が悪いとしても、それは経営が拙いということだけではなく、経営管理のあり方にも問題があるのだと思います。つまりパイロットがコックピットで計器を見て飛行するのと同じように、経営者が必要とする数字を正確かつ迅速に表すシステムが整備されていないためだと思うのです。そのために、一生懸命に働き、熱意もあり頭も決して悪くはない経営者が、会社をうまく経営できないというケースがいくらでもあるわけです。

企業において経営指標となる数値がすぐに出る経営管理システムをつくり上げた

ときに、初めて中小・中堅企業から大企業へと飛躍をしていく基礎ができます。たとえ毎月あるいは一週間ごとに決算を出していたとしても、「一対一対応」を怠ったり、さらには細かくセグメントごとに分けていないと、ドンブリ勘定になります。そのまま会社を大きくしていったのでは、いつか必ず経営判断を誤ることになります。セグメントごとに分解して見ていきますと、会社が発展し、オペレーションが全世界に拡大したとしても、瞬時に経営の実態を見抜き正しい判断を下すことができるわけです。

また、瞬時に経営の実態を見抜くためには、あえて今見なくてもいいような経営数値は、合理的に見なくても済むものにする必要があります。このようにして、今経営に必要な数値だけが見えるようなシステムを導入すると、結果として収益性が高まってきます。

例えば、皆さんがレストランを経営されているとして、今までは売上利益率は六%くらいがせいぜいだと思っていたものがすぐに変わっていくはずです。「一対一対応」でコンスタントに経営数値が出てきますと、収入に対応する支出がより明確に見えてきます。例えば、食材の仕入れが本当に安く行われているかどうかということが詳細にわかります。

そのように経営の実態がわかっていきますと、問題点に対してすぐ手を打てるので、必ず収益性が上がっていきます。今までは何が問題なのか見えていなかったので手を打てなかった。飛行機の操縦に喩えれば、操縦桿を握っていても、今どのあたりを飛んでいるかわからないために、操縦桿を上げるべきなのか下げるべきなのか、エンジン出力を上げるべきなのか下げるべきなのかが、わからなかったわけです。それが、自分の位置を把握できるようになれば、必ずうまく操縦できるはずです。同じように、経営でも会社の現状が正確に把握できれば、必要な改善策を行い収益性を上げていけるのです。

経営哲学に関する話が多くなっていましたので、今日は経営管理のあり方を通じて、いかに収益性を高めるのかという、具体的な経営のあり方についてお話ししました。

もう一度繰り返しますと、収益性を高めるには、まず独立採算の部門別採算をとる必要があります。ただし、その部門別採算というのは、一般には異なった事業を単純に分けると思いがちですけれども、そうではなく、たとえ一つの事業であっても会計的に異質なものはセグメントに分けることが大切です。そして、そのセグメントごとの経営実績がシンプルかつ正確、また迅速に見られるようなシステムをつくらなければなりません。

質疑応答——経営管理に関するQ&A

［質問］ どのように採算単位を分ければよいのか

［回答］

システムをつくるとき、まず、どのように採算単位を分けるかということが問題になると思います。

京セラの場合には、製造と営業で採算を分けています。製造では製品別などにさらに分けています。ただし、製品別といっても単純に考えられないケースもあります。

製造には一定の工程があります。例えば、セラミックスの原料にもいろいろな種類があり、それを担当する原料部門があります。その原料部門には、さまざまなセラミックスの製造部門から「こういう特性をもったセラミックスの原料を売ってほしい」と注文がきます。そして、原料部門はその特性に合った原料を調合して、その製造部門に売るのです。

その製造部門には工程がたくさんあります。例えば、さまざまな方法によって原料をある形につくり上げていく成形部門、その成形したものを高温で焼き上げる焼成部門、焼き上がってきたものを研磨する研磨部門などがあります。それらの各部門を、独立した採算単位として京セラでは見ているのです。

このように品種別に加え、さらに工程別に分けるというようにして、いわば縦と横のマトリックスで採算を見ると、経営の実態がわかりやすくなります。

［質問］経営管理はどのようにすればよいか

［回答］

私が「セグメントごとに分け、一対一対応の管理をしなさい」と言うと、多くの方が、「そんな管理をやれば、多くの人手が必要となり、経営管理をすることでかえって経営が行き詰まってしまうのではありませんか」と言われます。しかし、京セラは創業のときからこのような経営管理体制をとることで、発展を重ね、成長をはたしてきました。

確かに手間暇はかかります。本当に経営に必要な経営指標を知るためには、そのシステムの構築にも相当の時間と手間をかけなければなりません。しかし、それで管理倒れに陥るかというと、決してそうではありません。その手間暇を上回る大きなメリットがあるのです。

今から一〇年くらい前に、ある有名な電機メーカーがわずか利益率三～四％という状態に陥りました。その会社の幹部の方に原因を聞いてみましたところ、その会社は原価主義をとっていました。例えば、テレビ事業部の製造部門では、まず秋葉原などの電気屋街で何インチのカラーテレビがいくらで売られるか、その値段を調べます。そうして、卸価格はいくらで、そこからメーカーがマージンを得るためには原価をいくらにするのかを計算していきます。そして、テレビの製造部門に「こういう原価でつくりなさい」という指示が下るわけです。それを「目標原価」といいます。

その目標原価に合うように一生懸命、工場では製品をつくります。そして「目標原価」どおりにできれば、その工場としてのもうけは出なくとも、目標を達成したことになります。そして、今度は営業がその製品を原価で引き取って、当初決めた値段で問屋に卸していくのです。

ところが実際には、そううまくはいかないであろうことは推測がつくと思います。例えば、少し製品が古くなってくると、小売店は二割引くらいで売ろうとし、問屋からは安く仕入れようとします。問屋は問屋でそのままではマージンがありませんから、メーカーへ二割引の卸しを迫ります。そうすると、メーカーとしては、最初二割のマージンを取るということでやっていたけれども、値下げを要求され、十分な利幅をとるつもりが、結局は薄利にしかならないのです。

このようなケースの場合、原価で仕入れた製品を、実際にいくらで売るかは営業担当重役が決めています。つまり、その会社で経営を見ているのは、営業担当重役なのです。

私は「値決めは経営」と考えています。つまり値決めというのは、番頭や丁稚がわかっていればいいというものでは決してなく、本来なら経営の中核となる社長が売り値を決めなければならないはずです。値決めで利益が大きく左右されるのであれば、それを決するのはトップの仕事であるべきなのです。それなのにその大手電機メーカーでは、値決めを営業担当重役が決めていたために、結局、締めてみたら三%程度の利益率にしかならないのです。

そんなことですから、その会社の幹部の方に「あなたは利益率を五%にアップできますか」と聞いても、その方法を知りません。営業担当重役が値決めをしますし、製造部門は目標原価を達成する以上の努力をしないわけですから、会社としては収益が上がらないのは当然です。

工場は目標原価を与えますと、その原価まではなんとか努力します。しかし、あくまでも目標原価が目指すゴールであって、それ以上の努力はしようとしません。例えば、目標原価を達成できなければ言い訳をする。また、目標原価を達成すると安心をする。いずれにしろ、目標原価よりさらに価格を下げていこうということはまったく頭の中にはありません。実際はコストダウンの努力をしていけば、いくらでも原価を安くすることはでき、利益は拡大していくはずです。

原価主義というのは、ことほど製造部門のコストダウンへの努力を阻害するものなのです。これは、現場の人たちの心理状態というものを考慮に入れず経営をやっているからです。経営というのは、そういう意味では一種の心理学でもあります。経営者は、従業員がどういう反応を示すのかということまでしっかりと考えていかなくてはなりません。

[質問]「値決めは経営」というが、販売量によって原価が変わるのではないか

〔回答〕

一般には数量によって原価が変動するとみんなが思い込んでいます。しかし、そうではありません。まとまって注文がとれると、大量に仕入れられるから材料代も安く上がる。また、大量につくるから製造原価も安くなるのだというふうにみんなが考え、それが製造では常識になっています。しかし、そのようなことを金科玉条にしているため、経営がうまくいかないというケースが非常に多くあります。

京セラでも、大学を出た、頭もよく知識が豊富な社員に限ってそう考えます。研究・開発に成功し、製造の設備投資をして新製品を市場に出しても、最初は少ししか売れません。すると、そのような人は「注文が増えてくればペイします」とよく言います。それは、数量によって原価が変わるというアメリカ式の工場管理学では金科玉条になっている概念をもとに考えているからでしょう。

実際に京セラでも次のようなことがありました。現在、京セラは海外に販売会社を次々につくっています。その社長は現地の人なのですが、彼らも「ニューヨークにオフィスを借りたりして初めはいろいろと経費もかさみますから、売上がいくら以上にならなければ黒字に転換しません」というような話ばかりするわけです。

そこで、先ほどもお話しした国際経営会議で、ドイツとイギリスにあるレーザービームプリンタを販売する会社のそれぞれの経営の違いについて話をしました。

英国の販売会社の社長に話を聞くと、「S氏というすばらしい営業マンがいますので採用したい。このことで売上が増えれば、それはペイできる」と言うので、「いい加減にしなさい。売上もまだ少ししかなく、赤字なのに、さらに新しい人を採用するなんてとんでもない」と注意をしました。

経営とは、売上の増加に応じて泥縄式に手を打っていけばいいのです。しかし、一方ドイツの販売会社は、設立した月から黒字なのです。その社長は四一～四二歳とまだ若いのですが、月々四〇〇〇万マルクくらいの売上をあげ、四〇〇万マルクの利益をあげています。彼の場合、もっと規模の大きい事業をやらせてもやれると思いますし、イギリスの販社の経営をさせてもそれなりにうまくやれると思うのです。

なぜなら、彼は「販売量が増えないと原価は下がらない」というようなことは言いません。あらゆる努力を払い、売上を最大にして、経費を最小にすることに傾注します。これは製造の場合でも同様です。製造の場合でも「量が増えてくれば、赤字が解消される」とよく言われます。しかし、量が少なくても利益が出る生産体制でなければ、決して高収益の事業とはならないのです。

〔質問〕材料費三〇%、人件費三〇%、諸経費三〇%、純利益一〇%を目標に経営をしている。諸経費を削減することで、利益率向上を図るという経営をどう考えるか

〔回答〕

会社を始めたばかりなら、そういう考え方でもよいでしょうが、成長した企業や歴史ある企業ではそれではいけないと思います。

私の場合は、いくらの利益を残すかということは考えません。私ならば、材料費を三〇%、人件費を三〇%、諸経費を三〇%と固定的に考えず、すべての費用を極小にもっていく努力をします。

例えば、製造業であれば、原材料を仕入れなければなりませんが、相場があって変動し、いつも安く買えるとは限りません。しかし、それをどこまで安くするかということを突き詰めて考えます。人件費もなかなか削減は難しいのですが、これも社員の生産意欲を高めるということで結果として安くする努力をします。諸経費も、ある程度は発生してしまうものだという固定観念を一切置かず、可及的にゼロに近づく方法を考えていくでしょう。京セラや第二電電で私は、そのようなあらゆる経費を極小化するための努力を綿々と続けてきました。

いくら良い品物をつくっても、市場があるため、市場価格よりも高い価格をつけるわけにはいきません。すると、その市場で値決めが決まってきます。そうすれば、後は先ほどの三つの費用をどう下げていくかということだけになります。また、こうすることが結果として利益を最大にする方法なのです。

極論をすれば、最初は材料費と人件費と諸経費だけに着目します。そして、なぜこんなに経費がかかったのかを徹底的に調べます。例えば、電気代、ガス代、電話代などすべての経費項目を丹念に見ていくという作業が必要になります。

材料費でも「この原材料はそんなに安くはならない。うちだけが安く買えるわけはない」と言って、枠にはめて決めつけてしまってはいけません。それすらも、創意工夫によってはいくらでも減らせると考えていきます。つまり、無限の可能性を信じるか信じないかということです。部下にそう言っても、部下は「社長は何を言っているのか、そんなことはできるわけはない」と言いますが、そのように考える部下のメンタリティ、考え方を変えていかなければなりません。

例えば、海外まで買いつけに行って、もっと原材料を安く買うこともできるでしょうし、流通経路を短縮して安く買う方法もあるでしょう。創意工夫によって、いくらでもコストダウンの可能性はあるのだ、ということをまずは信じなければなりません。

人件費も同様です。実際に人件費比率が三〇%というのは、メーカーとしては少し高いのかもしれません。最高でも二七%くらいでしょう。今後、賃金上昇ということがなければ、さらに二〇%くらいにまで下がるくらい、できる限り生産性を高めていかなければならないと思います。

要点

経営者というのは操縦席に座っているパイロットみたいなものだ。飛行機のコックピットには計器がズラリと並んでいる。パイロットはその計器を見て操縦をする。同様に経営においても、経営判断の指標となる数値が経営者に把握できるようなシステムができていなければ、いくらすばらしい着想をもとにビジネス展開を図ろうとも、経営はうまくいくはずがない。もし経営に必要な指標が部門別にすぐにわかるようなシステムになっていないのであれば、それはあたかも盲目飛行をしているようなものだ。

◉

経営資料は迅速に出てくるものでなければならない。月次で決算を行うとすれば、月末から一週間あるいは一〇日以内に数字がまとまるようにする。決算は経理屋に任せて、一般的な決算書を使うような経営管理では、実際の経営には役立たない。

◉

経営者にとって必要不可欠で最も使いやすい経営管理システムをつくらなければならない。毎日、経営者が見て、正しい経営判断を下すことができるだけの経営指標が、タイムリーにすぐに出てくるようなシステムを構築する必要がある。

◉

利益が出たり出なかったりするのを見て、「よくわからないけれども、うちの会社の経営はこのようなものです」と多くの経営者が思っている。しかし、なぜ利益が増減するのかを調べてみると、特別な収入や出費があったことなどがよくわかってくる。大切なことは、業績の変動をそのままにするのではなく、自分が経営している会社の実態が正しく見えるようなシステムをつくり、その変動要因を除去すること。これが経営の要諦である。

多くの会社では、経営者が本当に必要とする数値が出てくるシステムができていない。もし業績が悪いとしても、それは経営が拙いだけではなく、経営管理のあり方にも問題がある。パイロットがコックピットで計器を見て飛行するのと同じように、経営者が必要とする数字を正確かつ迅速に表すシステムが整備されていないためなのだ。そのために、一生懸命に働き、熱意もあり頭も決して悪くはない経営者が、会社をうまく経営できないというケースがいくらでもある。

◉

企業において経営指標となる数値がすぐに出る経営管理システムをつくり上げたときに、初めて中小・中堅企業から大企業へと飛躍をしていく基礎ができる。たとえ毎月あるいは一週間ごとに決算を出していたとしても、「一対一対応」を怠ったり、さらには細かくセグメントごとに分けていないと、ドンブリ勘定になる。そのまま会社を大きくしていったのでは、いつか経営判断を誤ることになる。セグメントごとに分解して見ていくと、会社が発展し、オペレーションが全世界に拡大したとしても、瞬時に経営の実態を見抜き、正しい判断を下すことができる。

◉

経営の実態がわかってくると、問題点に対してすぐ手を打てるので、必ず収益性が上がっていく。今までは何が問題なのか見えていなかったので手を打てなかった。飛行機の操縦に喩えれば、操縦桿を握っていても、今どのあたりを飛んでいるかわからないために、操縦桿を上げるべきなのか下げるべきなのか、エンジン出力を上げるべきなのか下げるべきなのかが、わからなかったのだ。自分の位置を把握できるようになれば、必ずうまく操縦できるはずだ。同じように、経営でも会社の現状が正確に把握できれば、必要な改善策を行い収益性を上げていける。

「値決めは経営」である。つまり値決めは、番頭や丁稚がわかっていればいいというものではなく、本来なら経営の中核となる社長が売り値を決めなければならない。値決めで利益が大きく左右されるのであれば、それを決するのはトップの仕事であるべきなのだ。

◉　◉

工場は目標原価を与えると、その原価まではなんとか努力する。しかし、あくまでも目標原価が目指すゴールであって、それ以上の努力はしようとしない。目標原価を達成できなければ言い訳をする。目標原価を達成すると安心をする。いずれにしろ、目標原価よりさらに価格を下げていこうということは頭の中にない。原価主義は、製造部門のコストダウンへの努力を阻害するものであり、これは現場の心理状態を考慮に入れず経営をやっているからだ。経営というのは、そういう意味では一種の心理学でもある。経営者は、従業員がどういう反応を示すのかということまでしっかりと考えていかなくてはならない。

◉

経営とは、売上の増加に応じて泥縄式に手を打っていけばいい。

◉

「販売量が増えないと原価は下がらない」ということではない。あらゆる努力を払い、売上を最大にして、経費を最小にすることに傾注することだ。これは製造の場合でも同様だ。「量が増えてくれば、赤字が解消される」と言われるが、量が少なくても利益が出る生産体制でなければ、決して高収益の事業とはならない。

KAZUO INAMORI LECTURES

中堅企業におけるリーダーの条件

京都経済同友会創立三〇周年記念シンポジウム講演――一九七八年一〇月三日

背景

本講演は一九七八年一〇月三日に開催された京都経済同友会創立三〇周年記念シンポジウム「自由経済体制と企業家精神」において、「中堅企業におけるリーダーの条件」と題し、行ったものである。

京都経済同友会が、長年にわたって中堅企業の成長発展の原動力となっている思想や理念、哲学を研究する中で浮き彫りとなってきた、中堅企業のリーダーがもつべき思想について、八つの視点から述べている。

中堅企業における成長発展の原動力とは

厳しい社会経済環境の中で、また中小企業と大企業の谷間の最も厳しい環境条件下で、数多くある零細な中小企業の中から成長発展を続けてきた中堅企業と呼ばれるグループが存在しています。このような中堅企業がどのようにして中小企業から脱皮して、厳しい社会経済環境の中で発展してきたのかを掘り下げてみようというのが、京都経済同友会、中小企業研究部会のテーマでした。

中堅企業の成長発展の原動力となっている思想、理念、すなわちその企業のトップがもつ企業家精神、哲学を追究してきましたが、それを浮き彫りにできれば、その哲学、思想、精神こそ、まさに現代社会に最も適応するものであるにもかかわらず、最も忘れ去られた部分となっていることに気づかされるのではないだろうかと考えられます。

つまり、この企業家精神、哲学を鮮明に浮き彫りにすることができ、それを広く一般企業の方に、さらには社会、政治、行政その他のあらゆる分野におけるリーダーに知らせることができれば、今後の日本の社会におけるリーダーがもつべき精神のよりどころを示唆することができるのではないかと考えて研究を続けてきたわけです。十分にはまとまってはいませんが、中堅企業のトップがもつ思想はこうあるべきだというものを発表したいと思っています。

リーダーの条件一．常に謙虚であらねばならない

――相対的立場で物事を認識しうる人は、常に謙虚である

一番目に、権力のある地位についているリーダーは、常に謙虚であらねばならないと思っています。権力のある地位につけば、人間は堕落し、特に傲岸不遜《ごうがんふそん》になっていきます。このような傲岸不遜な人は、たとえ一時的に成功したとしても、決して永続的に中堅企業を成長発展させていくことができるとは考えられません。

現在の社会においては明治維新以来一〇〇年あまり、西洋文明の影響を受け、自己中心の絶対的価値観、絶対的な自己認識、および自己主張をもった人々が徐々に増え、その結果、とかく彼我《ひが》の対立、彼我の激突、エゴとエゴとの闘いが生ずるという世相になってきています。一方、相対的価値観、つまり、相手が存在して自己が存在し、全体の一部として自己を認識する日本古来の考え方があります。このような相対的な考え方で物事を認識しうる人は常に謙虚です。日本古来のこのような考え方によってのみ、集団の融和と平和を保つことができ、同時に集団の協調が維持できます。そのような考え方が、集団を最も効率よく運営できると思っています。

そのような良き雰囲気を集団の中につくるためには、リーダーが常に謙虚であって、部下および社員があって初めて自分が存在するということを自覚する姿勢がなければなりません。そのような謙虚な精神をもつリーダーのもとでこそ、一時的ではなく、永遠に成長発展を続ける集団を築きあげることが可能であると考えています。

リーダーの条件二：公平でなければならない
――いささかでも私心が入れば、判断は曇り、ディシジョンは間違った方向に行く

二番目には、集団のリーダーは公平を旨としなければならないと思っています。

リーダーは常に判断を迫られています。正しい判断をするには、公平な心をもっていなければできません。

当たり前のことだと思われるでしょうが、現実に判断を下すとき、はたしていささかでも私心をはさまずに行っているでしょうか。いささかでも私心が入ると判断は曇り、ディシジョンは間違った方向へ行きます。ですから、いささかの私心をもはさまぬ人をリーダーにしなければなりません。もし私心をはさみ込む人をリーダーに選べば、その集団は不幸なことになります。集団の中に不満が充満し、モラルを低下させ、活動能力を鈍らせる結果となります。

リーダーは公明正大な心をもって判断ができる人、いささかの私心をもはさまぬ

人でなければならないと思っています。企業のトップはトップであると同時に個人でもあるわけですが、企業のトップとして判断するとき、個人である自らの利害をさしはさんでみたり、健康状態によって判断が異なることでは困ります。トップたるべき者は、健康でなければならないと言われるのは当然のことです。ある判断をするとき、純粋に公平に判断をすればこの道をとるべきなのに、健康を害し、自分の体力、気力に自信がないために、別な判断を下すようなことがあってはならないと思っています。

極論すると、集団のリーダーが自分の健康、体力に気を遣わざるをえない状態になったその瞬間から、公平で正しい判断はできないと言えます。自分の健康に気を遣わなければならなくなったときは、トップの座をおりるべきときだと思います。永年にわたる経験や知識を生かすことは、トップでなくてもスタッフ、あるいは相談役としても、その役割ははたせます。

リーダーの条件三、自己犠牲を払う勇気と精神をもつ

――集団のために何かを為さんとすれば、そのためのエネルギーと代償が必要となる

集団のリーダーたるものは、公平を重んじ、公平な心をもつべきですが、三番目には、公平であるばかりでなく、その集団のために自己犠牲を払う勇気をもっていなければならないと思います。集団のために何かを為さんとすれば、そのためのエネルギーが必要です。つまり代償が必要なわけです。トップが自ら自己犠牲を払う勇気と精神があることが、部下をして信頼せしめ、ふるい立たせるもとだと思っています。

企業のトップも、世の中はこうあらねばならない、あるいは、これは矛盾するのではないかといった疑問を常にもっています。世の中をもっと住みやすく、このようにしたいと思うこともあります。

世の中を少しでも住みやすくしていこうとする場合、それは中堅企業といわれる

企業になった、そのトップ自身が住みやすい社会環境ではなく、むしろ社会における大多数の人々が住みやすい環境でなければなりません。それを実現するためには、中堅企業のトップがいくらか自己犠牲を払わなければならないのかもしれません。その勇気なくして、世の中を改革し、少しでも住みやすくしようとは言えないはずです。もし、中堅企業のトップが自分たちだけが住みやすく、自分たちに都合のいい社会を望むなら、一般大衆は誰もついてこないでしょう。

会社経営も同様です。中堅企業のトップは、その企業の大多数の社員が住みやすいと感じる社内の土壌を、ある種の自己犠牲を払って築いてきたからこそ、社員の信頼を得ることができ、その結果、会社が発展してきたのであろうと思います。自分に住みやすい、都合のいいことのみを考え、少しも自己犠牲を払わずやってきたのであれば、おそらく社員は誰もついてこなかっただろうと思います。

リーダーの条件四：原理原則にしたがう

――物事の本質をつく考え方、原理原則に戻って判断する習慣をつけなければならない

四番目に、リーダーは常に人間として何が正しいか、何が道理なのかということをベースとして、判断、行動しなければならないと思っています。常識や世の中の慣例を引いて判断、行動するようなことがあってはならないと思います。すなわち、人間として何が正しいか、つまり物事の本質をつく考え方、原理原則に戻って判断する習慣を身につけなければなりません。

新しいことに遭遇した場合、過去の応用では解決できません。新しい事柄に遭遇するたびにうろたえる局面が出てきますが、普段から「物の本質」をついた考え方に基づいた判断をしていれば、決して迷うことはなかろうと思います。「物の本質」をつくということは、人間社会の道徳、倫理といわれるものに基づき、人間として何が正しいかを考え、正しいことを正しいままに貫いていくことです。

リーダーは人の道に照らして判断、行動していくことが最も大切なことだと思っています。このようなことを常に行っている人は、どんな新しい局面に遭遇しても、また未知の世界に飛び込んでも、決してうろたえたりしないはずです。つまり中堅企業の経営者が新しい分野を切り拓き、進んでいき、発展していけるのは、過去、その分野において多くの経験を積んでいるからではありません。新しい局面に立ってもうまく処理し、成功させることができるのは、その中堅企業の経営者が常識にとらわれず、物の本質に立脚した原理原則に基づいた判断をしていくからです。

今、円高による差益還元の問題が世間を賑わしています。電力、ガスなどの公共企業体において、一部の政治家、行政官庁も関連して、この差益還元問題が俎上《そじょう》に載っています。電力、ガス会社の当初の否定的な態度にもかかわらず、一般社会の批判、種々圧力団体の批判によって、今回還元が行われることになりました。なぜそのような回りくどいことをして、差益還元が行われることになったのか、私は不思議でなりません。本来、電力、ガスは、市場の中での競争原理が働かない業界です。そういう競争原理の働かない業界においては、特にトップがもつ思想は公平にして道理にかなったものでなければなりません。

今回の為替差益還元問題には、本来、一企業として損をするときもあり、得をするときもあるという、民間企業には当然の単純な原理が働かなければならないはずです。しかし、この業界においては、そのような考え方は適用されないのです。

競争原理の働かない市場である電力、ガスは、過去において石油その他の値上がりによって経営が苦しくなったとき、石油の輸入コストの上昇を理由に料金改定の申請をし、政府当局の認可を得て値上げを実施してきました。過去にこのようなパターンを繰り返しやってきたのです。つまり、企業家の自由裁量による切り回しができないが故に、原材料などの値上がりがあれば、それを料金の値上げでカバーしてきたという過去の実績があります。

そうであるなら、逆に円高によって、石油価格が下がった場合には、料金を引き下げることは当然です。ところが現実には、この円高は短期間のもので、電力、ガスなどは長期の需要を充足するために膨大な投資が必要なので、その円高差益は投資に回すべきだとして、料金を下げることはしてきませんでした。仮に一般に還元したとしても、一戸当たりわずかにしかならないので、そのようなばらまき福祉的な還元よりは、長期のガス、電力確保の投資に回すべきだと、もっともらしく理論づけています。

しかし、そういう難しいことを考える必要はないのです。長期のエネルギー確保のための投資は投資として、円高問題に関係なく、当然企業経営の中に組み込まれているべきもので、円高差益がなければ、長期の投資はしなかったのでしょうか。これは材料が上がれば値を上げ、材料が下がれば値を下げるという当たり前の話なのです。特に競争原理の働かない市場においては、これは明瞭なことです。

このような単純なことが、どうして日本のリーダーである大企業の経営者や、日本の経済界を指導する行政官庁にわからないのか不思議でなりません。こうして難しく世の中を考えていくことが、社会的不信を招き、信頼を失うことになるのです。リーダーが信頼を失ったとき、その集団の社会的土壌は完全に腐敗してしまいます。こんなことが頻繁に行われるということがあってはならないと思っています。

リーダーの条件五．クリエイティブな心をもつ

――創造は、深く深く考え、考え抜いた苦しみの中から生まれ出るもの

五番目に、リーダーは常に創造的な心をもっていなければならない。常に何か新しいものを求め、それを創造して行くという考え方をもっていなければなりません。常にクリエイティブなものを集団に導入して行かなければ、その集団の進歩発展は望めません。現状維持でことを済まして行くようなタイプの人がリーダーになることは、その集団にとって悲しむべきことです。

創造というものは、深く考え抜いた苦しみの中から生まれ出るものであると思います。決して思いつきやヒントで得られるものではありません。ディープシンキング、物事を深く考え抜く中で、苦しみ、もがき、のたうって、その中で生まれてくるリーダーでなければならないと思っています。

私の場合は、新しい開発を決めると、必ずその開発を完成させるところまでやっ

ています。今までに開発テーマを選んで、成功しなかったものは、二、三件しかありません。一般的には、多くの開発をする中で、成功するのは、そのうちの数件だと言われていますが、私の場合は違います。私自身が技術屋で、開発をしてきた経験があるため、狩猟民族が獲物を追いかけるのと同じ手法をとっています。それは槍一本もって、獲物の足跡を見つけて、何日も何日も追いかけるといういき方、つまり、その獲物が眠っているところまで追いつめて、それを必ずつかまえます。その間、一週間飲まず食わずで追いかけることもあります。つまり、成功するまでとことん研究し、開発する、そういういき方をとっています。

研究開発投資というのは膨大な金がかかります。中小企業で、非常に零細な状況の場合、少しやってうまくいかなかったからといって、中止するわけにはいきませんから、成功させるまでやるという主義をとってきています。

もちろん、途中で撤退したものも二、三件あります。撤退の決断は最も難しいものです。引き際を決断できる武将が強く立派だといわれていますが、まさにそうだと思っています。

その場合、一番大事なことは、本当に精魂尽くしてやって、もうどうにもならないとなってからもまだやり続け、それでも本当に駄目だとなって初めてやめることです。私自身、古い時代の精神構造しかもっていないので、一生懸命やって、もう刀折れ、矢尽きればやめるという、そこまでとことんやり続けます。

それは財務的な問題からやめるのではありません。財務面では、必ず十分な蓄えをし、十分な余裕をもった状況が最低限必要な条件です。刀折れ、矢尽きるというのは、その開発に携わる人間の情熱、すなわち精神的エネルギーの問題を言っています。開発に対するあらゆるエネルギーを使い切った状況で、それでもどうにもならない、そのときに初めて、撤退を決断していくというういき方をしています。

リーダーの条件六：勇気・潔さをもつ

──卑怯な振る舞いは集団内に不正を引き起こし、欺瞞とモラルの低下をもたらす

六番目に、リーダーは卑怯であってはならないと思っています。勇気のある、潔

さをもつ人でなければなりません。卑怯な振る舞いは、集団内に不正を引き起こし、欺瞞とモラルの低下をもたらしていくでしょう。リーダーは決して卑怯であってはなりません。出処進退を明確にし、過ちがあれば潔くそれを認め、集団に詫び、決して言いのがれや、言い訳をしてはいけないのです。

リーダーの条件七．公明正大に利益を追求する
――公明正大かつ堂々と、仕事と製品を通じて、努力の成果として高利益を得る

七番目に、中堅企業のリーダーは、その集団のために利益を追求しなければなりません。これは決して恥ずべきことではありません。自由競争の原理が働いている自由市場において、堂々と商いをやって得られる利益は正当なものです。自由競争の中で決まる価格、これはまさに厳しい価格であり、その厳しい価格の中から、どのように付加価値を高め、どういうふうに合理化をして、そこに利潤を生み出していくかということが求められます。リーダーとその集団が、額に汗して努力した成

果として得られるものが利益であり、その利益は堂々と得てしかるべきです。しかし利益を追求するあまり、人の道として恥ずべき手段で、利益を追求してはならないのはいうまでもありません。

リーダーは公明正大に、堂々と、仕事を通じ、製品を通じて、自分たちの努力の成果として、高い利益を得るという正道を歩まねばなりません。決して一攫千金《いっかくせんきん》を夢見るようなことがあってはならないと思っています。これは古くから企業経営者の心として言い伝えられていることです。

しかし、先般のオイルショックの折、規模の大小を問わず、あらゆる企業が千載《せんざい》一遇《いちぐう》の好機とばかりものを売り惜しみ、値をつり上げたことがありました。ほんの数年前にそんなことがあったわけですが、あのような社会の大きな激動の時期においてすら、微動だにせず、そのような卑劣な手段で利益を追うことをしなかったリーダーでなければ、中堅企業として発展してこなかっただろうと思います。成長発展してきた中堅企業に、あのときに我を忘れて、先を争って、暴利を貪《むさぼ》った企業はないはずです。仮にあったとすれば、その中堅企業はもう余命いくばくもないと思います。

大企業は中堅企業よりも高いモラルをもつべきですが、現実はそうではありません。これはまさに悲しむべきことで、日本の社会経済の将来を考えるとき、そのモラルすらも失ってしまった、そういう方々が日本のリーダーとして通用しているのだと思うと、私は非常に悔しさを感じます。

リーダーの条件八．なぜ、リーダーであるのかを認識する

——能力は、社会のために使うべきであり、自分のために使ってはならない

八番目に、リーダーはなぜ自分自身がリーダーである必然性があるのか、自分でなくても、他にもっと適格な人がいるのではないかと自問自答しなければなりません。自分がリーダーであることが、この集団のために絶対に必要だという自信があるのか。そうであるなら、それはなぜなのか、また、その必然性があるのかないのかを、厳しく自問自答すべきだと思います。したがってリーダーとしての適性をも

っていないような人は、潔く退かなければなりません。そのほうが世の中のため、集団のためになります。そのような厳しい目で自分を見つめ、常に自分がリーダーとして適格であるのか、その必然性があるのかを、問いつめる勇気がリーダーには必要です。

もちろん親の代から、祖父の代から、あるいは何代にもわたって事業を引き継いだ人には、家業を継ぐべき必然性はあったと言えるかもしれません。しかし、家業を継ぐという必然性は、事業のリーダーとなる必然性とは同一ではありません。その場合にはこの点を十分に反省してみなければなりません。厳しく自分を反省し、自らを匡正《きょうせい》していくということを繰り返し、自分自身のレベルアップを図るという、謙虚なリーダーであるべきだと思っています。

リーダーとしての能力がある、人を統率できる、頭もいい、その分野においては誰にも負けないくらいの能力がある、人間も決して悪くないなど、リーダーとなる必然性のある方もいるでしょう。しかし私は、リーダーとしての能力を、なぜ神が与えてくれたのかを考えます。

能力のある人、ない人が一定数存在するから、世の中が成立しているのであって、世の中が皆、同じ能力の人ばかりでは、おそらく争いだけが存在し、社会は構成できないだろうと思います。世の中を世の中たらしめるために、神によって能力の差がつくられただけであって、私や皆さんにのみ、この能力が存在しなければならない必然性は何もありません。誰か他の人でもいいのです。ある人口にある比率で、リーダーとしての能力をもった人が存在すればいいのであって、何もそのリーダーとしての能力をもった者が、私であったり、皆さんであったりする必然性はないわけです。こう考えると、リーダーはその能力を、世のため、社会のために使うべきであって、決してそれを、自分のために使ってはなりません。

今こそ道理を追求するリーダーが求められている

以上の諸々のことに照らしてみると、考えるべき数多くの事例が見出されます。

その一つに、航空運輸事業の問題があります。

先般から、国内のある地方空港における飛行機の乗り入れについて、航空運輸事業は人命にかかわるだけに、一社に任せて安全を確保することが大切だということが、運輸行政面から言われています。そうなれば、その市場は競争原理が働かない仕組みになり、その結果、そこに残るものは、利権と堕落と、悪いサービス以外の何物でもなくなってしまいます。また、日本の航空体系の中で中央空港、幹線航路での相互乗り入れ、ダブルトラッキング、トリプルトラッキングの必然性が叫ばれています。この要求は当然であり、競争原理のないところに進歩発展は期待できないのであって、この要求を行政の力によって阻止するという考え方は、世の中の進歩発展に対する逆行です。

このように至極当然で簡単なことが行われず、人命尊重、安全の美名のもとに、一企業の利権につながる形で、ことが処理されるのを見るにつけ、本当に当たり前の単純なことが、現在行われていないということに気がつき、まことに残念だという気がします。同時に国際航路についても、今回の円高にもかかわらず、日航の航空運賃が下がらないという問題は、ナンセンスです。ドル建てになっている国際航空運賃においても、他のものと同様に下げるべきで、これがＩＡＴＡ協定によって決まっている、または乗機地の通貨によって変わるなど、いろんな言い訳をしながら、それを道理としてカモフラージュしようとしています。これでは、道理が働きません。道理が働かないことになんとも思わないトップの貧困な思想に、今こそ痛烈にメスを入れ、反省を促さねばならないのではなかろうかと思います。国鉄再建の問題にしてもしかり、また公営のバス、電車、地下鉄の赤字問題にしてもしかりです。

競争原理の働かないところには怠慢と非効率が待ち受けています。そういうものを、なぜものの道理として簡単に処理できないのか。それは、慣例や常識によるところが多過ぎるからです。そういうものを、今改めてさめた目で見、打ち破り、改革していくという勇気が、われわれリーダーには必要ではないかと思っています。

最後になりましたが、かくいう私も、企業がだんだんと大きく成長発展するにつれて、堕落が生じていないかと心配しています。中堅企業でマーケットのシェアが大きくなればなるほど、ともすればそれをいいことにして、その上に胡坐《あぐら》をかき、努力をしないで、安易に利益を得ようと考えがちで、そういう私自身に気がつくわけです。

つまり、会社が小さい間は、正義を重んじ、公平を重んじ、ものの道理を貫いてやってきたつもりでも、独占的な地位に立ち、慢心が始まったときには、そのような堕落した心が芽ばえてくる自分に、ふと気がつきます。集団のトップが、常に自己に厳しく、常に自分自身に猛反省を促し、自己の内面にある敵との戦いを繰り返していかなければ、世の中は決して改革されず、また、よくならないと思っています。

要点

権力のある地位についているリーダーは、常に謙虚であらねばならない。権力のある地位につけば、人間は堕落し、特に傲岸不遜になっていく。このような傲岸不遜な人は、たとえ一時的に成功したとしても、決して永続的に中堅企業を成長発展させていくことはできない。

◉

相対的価値観、つまり、相手が存在して自己が存在し、全体の一部として、自己を認識する日本古来の考え方がある。このような相対的な立場で物事を認識しうる人は常に謙虚である。このような考え方によってのみ、集団の融和と平和を保つことができ、それは同時に集団の協調が維持できるベースでもある。そのような考え方が、集団を最も効率よく運営できる方法である。

◉ 良き雰囲気を集団の中につくるためには、リーダーが常に謙虚であって、部下および社員があって初めて自分が存在するということを自覚する姿勢がなければならない。そのような謙虚な精神をもつリーダーのもとでこそ、一時的ではなく、永遠に成長発展を続ける集団を築きあげることが可能となる。

◉ 集団のリーダーは公平を旨としなければならない。リーダーは常に判断を迫られている。正しい判断をするには、公平な心をもっていなければできない。

◉ いささかでも私心が入ると判断は曇り、ディシジョンは間違った方向へ行く。いささかの私心をもはさまぬ人を、リーダーにしなければならない。もし私心をはさみ込む人をリーダーに選べば、その集団は不幸なことになる。集団の中に不満が充満し、モラルを低下させ、活動能力を鈍らせる結果となる。

◉

リーダーは公明正大な心をもって判断ができる人、いささかの私心をもはさまぬ人でなければならない。企業のトップとして判断するとき、自らの利害をさしはさんでみたり、健康状態によって判断が異なることがあってはならない。

◉

集団のリーダーが、自分の健康、体力に気を遣わざるをえない状態になったその瞬間から、公平で正しい判断ができなくなる。健康に気を遣わなければならなくなったとき、それはトップの座をおりるべきときである。

集団のために何かを為さんとすれば、そのためのエネルギーが必要となる。トップが自ら自己犠牲を払う勇気と精神があることが、部下をして信頼せしめ、ふるい立たせる。

◉

中堅企業のトップは、その企業の大多数の社員が住みやすいと感じる社内の土壌を、ある種の自己犠牲を払って築いてきたからこそ、社員の信頼を得て、会社が発展してきた。

◉

リーダーは常に、人間として何が正しいか、何が道理なのかということをベースとして、判断、行動しなければならない。常識や世の中の慣例を引いて、判断、行動するようなことがあってはならない。人間として何が正しい

◉

か、つまり物事の本質をつく考え方、原理原則に戻ってものを判断する習慣を身につけなければならない。

◉

新しいことに遭遇した場合、過去の応用では解決できない。普段から「物の本質」をついた考え方に基づいた判断をしていれば、新しいことに遭遇しても、決して迷うことはない。

◉

「物の本質」をつく。それは人間社会の道徳、倫理といわれるものに基づき、人間として何が正しいかを考え、正しいことを正しいままに貫いていくことだ。リーダーは人の道に照らして判断、行動していくことが最も大切なことである。

◉

リーダーは常に創造的な心をもっていなければならない。常に新しいものを求め、それを創造して行くという考え方をもっていなければならない。

◉

常にクリエイティブなものを集団に導入して行かなければ、その集団の進歩発展は望めない。現状維持でことを済ませて行くようなタイプの人がリーダーになることは、その集団にとって悲しむべきことだ。

◉

創造というものは、深く考え抜いた苦しみの中から生まれ出るものである。思いつきやヒントで得られるものではない。ディープシンキング、物事を深く考え抜く中で、苦しみ、もがき、のたうって、その中で生まれてくるリーダーでなければならない。

◉

リーダーは卑怯であってはならない。勇気のある、潔さをもつ人でなければならない。卑怯な振る舞いは、集団内に不正を引き起こし、欺瞞とモラルの低下をもたらすことになる。

◉

中堅企業のリーダーは、その集団のために利益を追求しなければならない。

◉

リーダーとその集団が、額に汗して努力した成果として得られるものが利益であり、その利益は堂々と得てしかるべきものだ。しかし利益を追求するあまり、人の道として恥ずべき手段で、利益を追求してはならない。

◉

リーダーは公明正大に、堂々と、仕事を通じ、製品を通じて、自分たちの努力の成果として、高い利益を得るという正道を歩まねばならない。

◉ なぜ自分自身がリーダーである必然性があるのか、他にもっと適格な人がいるのではないかと自問自答しなければならない。

◉ 厳しい目で自分を見つめ、常にリーダーとして適格であるのか、その必然性があるのかを、問いつめる勇気がリーダーには必要となる。

◉ リーダーはその能力を、世のため、社会のために使うべきであって、決してそれを、自分のために使ってはならない。

◉ 集団のトップが、常に自己に厳しく、常に自分自身に猛反省を促し、自己の内面にある敵との戦いを繰り返していかなければ、世の中は決して改革されず、よくならない。

KAZUO INAMORI LECTURES

西郷南洲と大久保利通に学ぶ経営者の理想像

盛和塾大阪塾長例会講話——一九八九年一〇月一六日

背景

盛和塾大阪は、京都、東京に続く三番目の塾として、一九八九年に開塾した。この年の一〇月に行われた塾長例会では、明治維新の功労者である西郷南洲《さいごうなんしゅう》（隆盛《たかもり》）とその遺訓、また明治新政府の設立に貢献した大久保利通《おおくぼとしみち》をとおして、経営者の理想像について説いた。

『翔ぶが如く』の二人

先般、日本円にして約五〇〇〜六〇〇〇億円の売上があるアメリカの会社の買収に関するやりとりを行い、ニューヨークから戻ってきました。その足で、家にも帰らず京都の盛和塾に駆けつけ、その話をしてきました。三日前は東京の盛和塾の会合にも出席しました。いつもここへ出てくるまでに話がまとまっておらず、たいへん申し訳ないのですが、その三日前に東京で話したことを、ここでもお話ししたいと思います。

来年からNHKが、『翔ぶが如く』という司馬遼太郎《しばりょうたろう》さんの作品を新しい大河ドラマとして放映するそうです。西郷隆盛と大久保利通を中心に、明治維新を成し遂げた志士たちを取り上げたドラマです。西郷と大久保は、二人とも鹿児島市の加治屋町という非常に小さな町で育っており、そこから傑出した人物として世に出ました。この二人はたいへん対照的なのですが、なぜそんな二人が出会って、明治の偉業を成し遂げたのかということが、大河ドラマのテーマのようです。私が鹿児島の出身だったこともあって、三日前にＮＨＫの人たちがインタビューに来ました。まず、そのときのことをお話ししたいと思います。

鹿児島における西郷南洲と大久保利通の評価の違い

実は、私は西郷南洲にたいへん傾倒しており、彼の信念である「敬天愛人」という言葉を社是に据えて、それに基づいて会社の経営を行っています。

西郷南洲は明治維新という大業を成すまでに島津藩主の逆鱗に触れ、沖永良部島に遠島を命ぜられたこともあります。彼はその不遇な時代に中国の古典などを学び、精神の錬磨に努めていました。そうした体験から彼の哲学や思想が体系づけられて、維新の偉業にたいへん役立ったわけです。彼はすばらしい哲学をもった立派な人物でした。江戸城の無血開城も、勝海舟《かつかいしゅう》という立派な男が、西郷南洲というこれまたすばらしい人物に出会って実現したのです。

私は西郷南洲の郷里で育ちましたが、鹿児島では学校教育の他に郷中教育《ごじゅうきょういく》と言い、「学舎」と呼ばれる施設の中で士族の子弟教育が行われていました。子供たちに示現流の剣法を教えるなどの鍛練を行い、また歴史や中国の古典を教えたりしていました。そのような教育を受ける中で、西郷のことはよく聞いていたのですが、維新を実現したもう一人の偉人である大久保利通のことについては、あまり聞かされていませんでした。西郷が明治維新を成し遂げた、たいへんな英雄だということは、子供の頃から知っていたのですが、同じ時期に同じところから出た大久保利通については、鹿児島では高い評価をされず、子供たちにも教えていなかったのです。

京セラができたばかりの頃、会社をつくってくださった宮木電機社長の宮木男也《みやきおとや》さんが、「敬天愛人」と書かれた西郷南洲の書をもってきてくださいました。もちろん複製なのですが、「稲盛さんと同郷の、西郷さんの書なんですよ」と言って、それも表装までしてもってきてくださったものですから、たいへんうれしくて、一つしかない応接間の壁に掛けました。それから、もっと深く西郷南洲を知りたいと思い、改めて勉強を始めたわけです。

ちょうどその頃、庄内藩、今の山形県酒田市にある荘内銀行の顧問の方が京都まで私を訪ねてこられ、「鹿児島出身で西郷南洲にたいへん傾倒しておられる稲盛さんのことを承っていまして、今日訪ねてきたのです」と言われるのです。「どういうことでしょうか」と問うたら、「実は、かつて庄内藩のあった酒田市に南洲神社をつくりたいのです。ついては、現代の西郷南洲と言える稲盛さんに、ぜひお話を聞かせていただきたい」ということでした。私は「とんでもないことです。私は西郷南洲の思想に若干かぶれていて、その言葉を社是にしているだけです」とお答えしました。そうしたやりとりの中で、西郷南洲が西南の役で亡くなった後、鹿児島ではなく、庄内藩の人たちが『南洲翁遺訓《おういくん》』というものをつくって発行していることを初めて知り、その理由を尋ねました。それは、次のようなことでした。

維新のときに、白虎隊で有名な福島の会津藩や山形の庄内藩などが、最後まで旧幕府方として抵抗したので、西郷はそこへ攻めていきます。庄内藩はついに力尽きて、薩摩軍に全面降伏したのですが、そのときに西郷がやったことというのがたいへん劇的なのです。勝ち名乗りを上げて入城していくときに、薩摩藩の連中からは全部刀を召し上げて、丸腰で入っていかせたのです。薩摩の荒くれ武士どもを率いていくわけですから、彼らが乱暴狼藉を働く可能性があります。それを未然に防ごうというので、普通は負けた方の大刀を召し上げるものなのですが、勝った方の刀を取り上げ、負けた庄内藩の人たちには、武士の情けといいますか、帯刀を許すことにしたのです。それに当時の庄内藩の人たちはびっくりして、「なんとすばらしい男だ」と、薩摩藩を率いる西郷の底知れぬ人間的魅力に打たれて、その後ただちに西郷に教えを請うわけです。普通であれば、戦いに負けたのですから憎しみを抱いても不思議ではない中で、多くの若者が西郷の教えを求めたのです。

西郷はその後、明治新政府の要職に就きますが、意見合わずして薩摩に帰ります。その理由は、新しい近代国家をつくるために血を流し、たいへん情熱を燃やしてきたけれども、でき上がった新しい日本政府は期待に反するものであった、ということでした。彼は失望して鹿児島に帰った後で私学校をつくり、鹿児島の青少年の教育に情熱を注ぎます。そこへ、旧庄内藩から若い武士たちが西郷を慕って何人も学びにやって来ます。庄内藩の若い元藩主が勉強に来ることもありました。

この私学校の生徒たちが、西郷について勉強を重ねていき、世界の情勢や日本の実情というものを学べば学ぶほど、「偉大な西郷さんの意見を採用しなかった新政府は、実にけしからん」という思いが強くなりました。そして、彼らを中心に暴動が起こったわけです。当時、鹿児島には明治新政府がつくった弾薬庫がありましたが、この兵器廠《しょう》を襲って銃砲や弾薬を奪い、新政府を倒そうと北の方へ攻め上がっていくわけです。熊本県には新政府がつくった鎮台という陸軍部隊の駐屯地があり、そこを攻めて北上していきました。庄内藩からも、何人もの武士たちがおっとり刀で応援に駆けつけました。

しかし、不思議なことに、九州の各県からも合流しようという申し出があったのですが、西郷は断っています。もともと、この西南の役は、西郷自身はそんなことをするつもりはなかったのに、血気に逸《はや》った私学校の生徒たちが飛び出してしまったために起こったことであり、その意味でまさに悲劇となってしまうわけです。

西郷は私学校の生徒たちが暴動を起こしたとき、大隅半島の山奥で犬を連れて猪狩りをしていましたが、若い生徒たちが決起したということを聞いて帰ってきて、「みんながそうするのなら仕方がない」と言って、自分もその後にしたがって出ていきました。もちろん、負け戦を承知の上で出ていき、最後は鹿児島の城山で自刃して果てるわけです。そのときも、庄内藩の若い武士たちが何人か、西郷と一緒に死んでいます。西郷のお墓の周辺に、その人たちのお墓もあります。西郷という偉大な男に、かつて戦で負けた庄内藩の人たちが心酔していた、何よりの証明です。

西郷はこの西南の役まではたいへん高い評価を受けていたのですが、新政府に刃向かった反逆者の汚名を被ることになります。しかしその後、明治天皇が恩赦を与えたことで、彼は再度評価をされるようになります。それ以前に、庄内藩の人たちは『南洲翁遺訓』をつくって勉強を始めています。先ほども言いましたが、鹿児島でじかに西郷の訓育を受けた人たちは、その教えをまとめたような本をつくってはいません。庄内藩の人たちがつくった後に、焼き直したようなものをつくっている程度です。いかに庄内藩の人たちが西郷のことを慕っていたか、ということです。

西郷南洲という人物はスケールが大きく、負けた側が一瞬にして惚れ込むというほど、たいへん立派な人格をもった大人物であったのです。だからこそ、明治維新という大業を成しえたのです。今度ＮＨＫで放映される大河ドラマは、そういう西郷を描いています。

一方、共に明治維新を成し遂げた大久保利通という人物は、たいへん冷徹な人だと見られています。当時は薩長連合と言って、今の鹿児島県と山口県が一緒になって討幕運動を行い、その後成立した新政府では、その維新の立役者である薩長の人たちが重要な官職に就いたわけです。薩摩藩では〝薩摩の芋づる〟といって、誰かが偉くなりますと、その親族や知人たちが芋づる式に官職に就きました。その典型が警察官です。明治の初めは、「おいこら警官」と呼ばれた警察官が多くいました。「おいこら」というのは鹿児島弁で、鹿児島のイモ侍が芋づる式に次々に巡査になっていったから、鹿児島弁が警官の代名詞となったのです。ところが大久保利通は、鹿児島から縁者が来てもなかなか採用しなかったというほど、冷たい男でした。一方、西郷は庄内の人を魅了したように、温かい人であったといいます。そういう対比をして、今度のＮＨＫ大河ドラマをつくるらしいのです。

『南洲翁遺訓』に見る、政治と経営の共通点

インタビューに来たＮＨＫの人たちに話をしたのですが、西郷がどういう人物だったかということについてはいろいろなことが言われています。しかし、『南洲翁遺訓』にこそ彼の人格がよく表れていると思いますので、二、三読ませていただきます。西郷は、ただ単にその遺訓にあることを言っただけではなく、実践した人でもありました。その意味で、皆さんの経営にもたいへん役に立つはずです。

廟堂《びょうどう》に立ちて大政を為すは天道を行うものなれば、些《ち》とも私を挟みては済まぬもの也。いかにも心を公平に操《と》り、正道を踏み、広く賢人を選挙し、能くその職に任《た》ゆる人を挙げて政柄《せいへい》を執らしむるは、即ち天意也。それゆえ真に賢人

と認むる以上は、直ちに我が職を譲る程ならでは叶わぬものぞ。

（現代語訳）

政府にあって国の政《まつりごと》をするということは、天地自然の道を行うことであるから、たとえわずかであっても私心を差し挟んではならない。だからどんなことがあっても心を公平に堅くもち、正しい道を踏み、広く賢明な人を選んで、その職務に忠実にたえることのできる人に政権を執らせることこそ天意、すなわち神の心にかなうものである。だから、本当に賢明で適任だと認める人がいたら、すぐにでも自分の職を譲るくらいでなければいけない。

西郷も大久保も、また伊藤博文《いとうひろぶみ》や山県有朋《やまがたありとも》も含め、明治維新の功を成し、明治の元勲と言われた人はみな、そのまま大臣などの要職に就きました。ところが、彼らは革命を起こし、新政府をつくることはできたけれども、ただちに新しい近代国家である日本を治めていくのにふさわしい人物であるかどうかは、また別の問題なのです。新しい日本という国家がうまく機能するように政治の舵取りをしていくためには、本当に立派な人を選ばなくてはならない。もし立派な人が存在し、自分よりも新しい政府の役人としてふさわしいと思うなら、自分の職を譲るほどのことがなければならないと、西郷は言っています。

故に何程国家に勲労ある共、その職に任《た》えぬ人を官職を以て賞するは善からぬことの第一也。官はその人を選びてこれを授け、功ある者には俸禄を以て賞し、これを愛し置くものぞ。

（現代語訳）

したがって、どんなに国に功績があっても、その職務に不適任な人を官職を与えてほめるのは善くないことの第一である。官職というものはその人をよく選んで授けるべきで、功績のある人には俸給を与えて賞し、これを愛しおくのがよい。

したがって、いかに国家に功労があっても、つまり江戸幕府を倒して明治維新を起こし、国家に貢献をしたとしても、新しい日本を治める職にふさわしくない人に官職を与えて重用するのはよいことではない、ということです。

役職は、それにふさわしい人に授けなければなりません。明治維新で功労のあった人の中には、無骨な人間もいたでしょうし、蛮勇だけあって、旧幕府軍を蹴散らしてたいへんな武勲を立てたかもしれません。しかし、その人が平時に国を治める場合に、それだけの器量があるかどうかは別問題です。ですから、功労のある人には俸禄、つまり給料を与えて報い、これを大切にしておくのがよいと、西郷は言っているわけです。

これはたいへん大事なことです。またこの一節は、会社経営にもそのまま当てはまるものです。皆さんはトップに立って会社の経営をやっていらっしゃいますが、会社が小さいときから一生懸命、古参の人と共に苦労してがんばってこられたと思います。会社が小さいときには大学出の優秀な人など来ませんし、企業規模のままの人しか来ません。そして、その人たちが一生懸命がんばってくれて、今日会社が立派になった。このことには感謝しなければいけません。しかし一方、今まさに上場せんとするときに、その人たちを専務にし、社長にしていって、はたして本当にいいのだろうかという問題があります。

本人たちはそれまでにたいへんな貢献をしたわけですから、そのことに期待ももっているでしょうが、はたして会社を経営していけるのか問題がある。そういう人の場合は、西郷が言っているとおり、「俸祿を以て賞し」、つまり給料で報いてあげる必要があります。給料といっても、日本の場合は給料だけを上げるというわけにもいきません。地位も与え、例えば役員にもしてあげなくてはならないかもしれない。しかし、その人が努力家ではあっても、その職務をはたせる人物ではない場合には、役員にはしてあげるけれども、それ以上大きな責任をもたせたのでは会社が危うくなります。ですから、「功有る者には俸祿を以て賞し、これを愛し置くものぞ」とあるのです。

このような、時代や分野を越えて通じる人の評価、処遇の本質を、西郷は見抜いていたのです。それは、彼が島流しになったときから、中国の古典などをずっと勉強して、人間とは、また世の中というものはどんなものなのかということを知っていたからです。

西郷南洲の説くトップの理想像

西郷南洲は自分の意見が受け入れられず、官職をなげうって鹿児島に帰ってくるのですが、一方で、大久保利通や伊藤博文など、他の明治の元勲はそのとき洋行をしました。そして、欧米の近代国家をじかに見て、「これはたいへんなことだ。今の日本とたいへんな差がある」と相当な影響を受け、危機感を抱いて帰って来るわけです。一方、西郷は一回も洋行していません。ですから、今度のNHKの大河ドラマのスタッフから、西郷は洋行をしてきた人たちとは世界観が違ったのではないかと言われたのです。しかし、私は「そうではないと思います。遺訓の一節を見てもわかるように、彼はすばらしい認識をもっていた。それは洋行した他の明治の元勲とそんなに違ったものではないはずです」と言ったのです。それは、西郷はこういうことを言っているからです。薩摩に帰ってきた理由が述べられている一節を読んでみます。

万民の上に位する者、己を慎み、品行を正しくし、驕奢《きょうしゃ》を戒め、節倹を勉め、職事に勤労して人民の標準となり、下民《かみん》その勤労を気の毒に思う様ならでは、政令は行われ難し。然るに草創の始めに立ちながら、家屋を飾り、衣服を文《かざ》り、美妾《びしょう》を抱え、蓄財を謀りなば、維新の功業は遂げられ間敷《まじき》也。今となりては、戊辰の義戦も偏えに私を営みたる姿に成り行き、天下に対し戦死者に対して面目なきぞとて、頻《しき》りに涙を催されける。

（現代語訳）

多くの国民の上に立つ者は、いつも心を慎み、行いを正しくし、驕りや贅沢を戒め、無駄を省いてつつましくすることに努め、仕事に励んで人々の手本となり、一般国民がその仕事ぶりや生活を気の毒に思うくらいでなければ、政府の命令は行われにくい。しかし今、維新創業のときだというのに、家を贅沢にし、衣服をきらびやかに飾り、美しい妾を囲い、自分の財産を蓄えることばかり考えるなら、維新の本当の成果を全うすることはできない。今となっては戊辰の正義の戦争もただ私利私欲を肥やすだけの結果となり、国に対し、また戦死者に対して面目ないといって西郷は涙を流された。

つまり、先ほどお話ししました新政府の役人たちが、政治の何たるかもよく知らないで、私利私欲に溺れているさまを言っているわけです。

彼は幕藩体制の封建国家に代わり、中央集権の新しい近代国家をつくるわけですが、実際にできてみると、明治維新の功労者はみな要職に就き、驕り高ぶってしまって、彼はそれに絶望するわけです。みな成り上がり者で、西郷ほどの哲学をもった人たちではないものですから、不用意に偉くなったりして、権力をもって何でもできるようになり、自分を失ってしまうのです。

西郷はそのさまを見て、「あの戊辰戦争はいったい何だったのか。明治維新というのは何だったのか。われわれが理想としてきたことはこれだったのか」と、伊藤博文など新政府をつくった人たちを見て、たいへん嘆きました。そして、こういう人たちが栄耀栄華を極めるために明治維新をやったのではないと思い、鹿児島に帰っていくわけです。こうした振る舞いも、長たる者の一つの姿です。

トップが行うべきは三つに尽きる

政の大体は、文を興し、武を振《ふる》い、農を励ますの三つにあり。その他百般の事務は、皆この三つの物を助くる具《ぐ》也。この三つの物の中において、時に従い勢に因《よ》り、施行先後の順序はあれど、この三つの物を後にして他を先にする更になし。

（現代語訳）
政治の根本は学問を盛んにして教育を興し、軍備を整えて国の自衛力を強化し、農業を奨励して生活を安定させるという三つに尽きる。その他いろいろの事柄は、みなこの三つのものを助長するための手段である。この三つのものの中で、時代によりあるいはときのなりゆきによって、どれを先にし、どれを後にするかの順序はあろうが、この三つのものを後回しにして他の政策を先にするということは、決してあってはならない。

経営で言うならば、「文を興し」というのは社員教育のことです。私が皆さんにこうして話をしているのもそうなのですが、トップがもつフィロソフィ、思想というものがあって、それに共鳴してくれる集団をつくらなければ、企業は決して強くならないわけです。いろいろな人がいてもいいではないか、面白い考え方をする人がいくらでもいていい、ということではいけないわけで、企業内といえども教育を行って、同じような思想をもった人たちをなるべく多くつくっていかなければなりません。

戦後、労働者の権利ばかり主張し、会社と対立する労働組合ができましたが、これは社員教育をしていないために、トップがどういう思想をもっているのか、どういう考え方をしているのかということが、明確に示されなかった、ということも一因ではないでしょうか。みんなが共鳴または賛同してくれるような立派な思想を社員に説いていきますと、「社長はあれだけの思想をもち、われわれが気の毒に思えるぐらいがんばってくれている」という思いを社員がもつことになり、いくら労働組合が社員をけしかけても、組織はビクともしません。西郷は、国の政治の場合でも教育は最優先事項だと言いますが、これは経営でも同じことです。経営者はたいへん忙しいわけですが、社員教育は最も大事なことですので、社員にすばらしい教育をしていかなければなりません。

「武」とは、会社の場合では「勇気」です。何かをやろうと社員に諮って、「いや、そんなことはできません」と反対されても、「何を言うか」と勇気をもって信念を貫くことです。特に新しい物事を行うには勇気が要りますので、「武を振い」ということを、私はそのようにとってもいいのではないかと思います。

「農を励ます」というのは、現代の会社の場合では、生産性を上げる、技術革新を行う、設備投資をして自動化を図るという意味にとっていいと思います。研究開発を進め、生産管理を通じて合理化を図る、コンピュータを入れてシステムをつくるといったことも、たいへん大事なことです。

大久保利通の冷徹さと合理性にも目を向ける

西郷南洲とは、今まで話してきたような人物であったわけですが、その西郷より二つほど若い大久保利通は、西郷とはたいへん対照的な人物でした。西郷が西南の役で城山の露と消えていったのは、大久保利通という男がいたからだというので、明治以後一二〇年もたっていますが、先ほども言いましたように、鹿児島では大久保利通は人気がなく、憎まれていました。今から一二年前に、鹿児島で西郷南洲没後一〇〇年顕彰《けんしょう》事業がありました。そのときも西郷南洲の銅像をつくろうということで、鹿児島中から寄付が集まって、そのお金で銅像ができたのですが、誰かが大久保利通の銅像をつくろうと言ったら、みんな大反対でした。たいへんな無理をして、大久保利通が生まれた町の角にやっと小さな銅像ができたのですが、それもひっそりとできるという形で、今でも大久保は鹿児島の人たちから愛されていないのです。

ところが、その大久保利通は、西郷が落胆して見限った新政府を、たいへんな努力をして築いていくわけです。自分の家を立派にし、衣服に金を使い、贅沢を極める人間が増えていく中で、大久保はそういう連中をうまく操りながら、現在の日本の中央官庁の原型をつくっていくのです。大久保利通があって初めて日本の新政府ができた、と言われるぐらいです。明治維新の戦いで多くの人たちが鹿児島から出ていきました。彼らが西郷を慕って、官職をなげうち、西郷に続いて鹿児島へ帰っていく中、大久保は敢然と踏み止まって、明治新政府をつくり上げていくわけです。そんな大久保を、たいへん冷徹非情で、目的のためには手段を選ばない男であったというようにNHKが描こうとしていますが、私は「そうではありません」と言いました。

大久保利通は頭がよく、たいへん論理的で合理性に長けた男でした。先ほども言いましたように、そんな彼がいたからこそ明治新政府ができたのです。西郷はその哲学で周りをまとめ率いて、明治維新をやり遂げました。しかし、新しい近代国家をつくる場合には、論理が要るわけです。それも、緻密な論理を展開する必要があるわけです。それはおそらく西郷にはできなかったでしょう。哲学は立派なものをもってはいるけれども、茫洋として、大久保利通ほど論理的な人物ではないからです。

大久保はどのように物事を積み上げ、どういう政府をつくり上げていったか。大久保の場合は冷徹に物事の現象を見ていました。西郷の場合は若干エモーショナル、感情的なタイプでしたから、大久保のそういう部分についていけなかったということではないでしょうか。しかし、物事を成就していくには、大久保のような個性が要るわけです。私はNHKの人たちにこう言いました。

「子供の頃から会社をつくるまでは、私は西郷のような生き方や考え方にたいへん心酔していました。しかし、会社をつくって経営を始めてから、どうしてもそれだけではやれないということがわかってきたのです。そして初めて、明治維新を確固たるものにしていった大久保利通のすばらしさに気がついたわけです」

その後、鹿児島で中学や高校の校長先生の会合で講演をしたとき、私は言ったのです。「鹿児島県人は、西郷さんにたいへん心酔して、西郷さんのような生き方に憧れていますが、それだけではいけません。もともとそういう気持ちを鹿児島県人はもっているのだから、それはそれでよいとして、できれば大久保利通の生きざまというものも学ばせるべきです。それがないばかりに、その後鹿児島県からは偉い人間が出ていないでしょう。経済界でも出ていないし、政界でもたいした人は出ていない」と。すると、鹿児島の先生方はこんなことを言うのです。「明治維新と西南の役で、鹿児島の優秀な人は全員死んでしまった。優秀な血統はあまり残っていない。鹿児島で残っているのはろくでもない人の子孫ばかりだ。だから偉い人間が出ないのだ」。それに対して、「そうではありません。大久保利通という男の生きざまを非難ばかりしているから、その影響があるのではないでしょうか。これからは、大久保利通のすばらしさというものも学ぶべきではないでしょうか」と言ったのです。

両極端をあわせもつ

このことについて、私は「両極端をあわせもつ」ということを言っています。経営者は、バランスのとれた人間性をもたなければなりません。それは、事業では常に決断を迫られるからです。あるときには、役員幹部から従業員、銀行まで一斉に反対される中で、それでもなお自分の信念に基づいて、「敵は幾万ありとても」の気概で断行することも必要でしょう。またあるときには、一従業員の言葉に謙虚に耳を傾け、勇気をもって自分の計画を取り下げる必要もあるでしょう。つまり、大胆さと慎重さの両方が必要なのであって、大胆でも慎重でもない、中庸だという意味ではありません。

「一流の知性とは、二つの相対立する考えを同時に心に抱きながら、しかも正常に機能し続けられる能力をいう」と、アメリカの作家F・S・フィッツジェラルドが述べています。従業員に対する接し方にしても、あるときには泣いて馬謖《ばしょく》を斬るが如く冷徹で厳しく、あるときには仏の如き人情味あふれる態度を示すことが、経営者には必要でしょう。決断を伴う経営者に求められているのは、単なる円満な人柄だけではないのです。相反する両極端の考え方、性格をあわせもち、局面によって正常に使い分けられる、バランスのとれた人間性が必要なのです。

西郷南洲はすばらしい人間性、哲学をもっていました。ところが大久保利通はたいへん冷徹で、理性的かつ合理的でしたから、冷たい男だと言われたのです。どちらが正しいとは言えません。両方をあわせもち、正しく使い分けられなければならないのです。しかし、それは実際にはたいへん難しいことです。

例えば、会社である不正が起こったとします。その場合、金銭問題にしても、それ以外の問題にしても、「これは絶対に許せない。こういうことを放置したら、うちは何百人も従業員がいるからたいへんなことになる」と考えて、泣いて馬謖《ばしょく》を斬ることも仕方がないでしょう。辞めさせる方法についても、懲戒免職という方法と、なんとか依願退職で辞めてもらうという方法があります。そんなに悪い人ではなく、出来心でやったことだ。もともと真面目な方だし、一生懸命仕事をやってきた人間でもある。本人も後悔をしており、「もう二度とこういうことは致しません」と言っているから、なんとか穏便に済ます方法はないものか。親御さんにも来てもらったが、「よく気をつけるように言って聞かせるので、なんとか許してやってください」と言われるので、今回は許してあげようか。いろいろな選択肢がある中で、どれをとるのか。

相手の人間性がよければ、くどくど話をして、反省もしているから許してあげようということもあります。一方、どうしても懲戒免職にしなければならないケースもあるでしょう。「あなたはいつも〝敬天愛人〟と言っているのに、冷たいではないか」と言われても、あえてそうしなければならないこともあるでしょう。それはケースによります。何が背景にあるかということによって違ってくるのです。あるときには許してあげることが正解かもしれませんし、またあるときには首を切る必要もあります。不正を許していたのでは、どうしても後々示しがつかなくなってしまうということもあるでしょう。

では、どう決断するか。私がいつも「経営者は人間性が大事ですよ」と言っているように、その基準はまさにトップの人間性そのものなのです。しょっちゅうクビにばかりしていたのでは、従業員の気持ちが離反するかもしれない。かといって、年中許してあげていたのでは組織に示しがつかなくなって、後々たいへんなことになってしまう。では、どのくらいがいいかと計算して、五割の確率でクビにしたらいいかと決めてやってみたところで、そんな基準は世の中にはありません。どうすればいいのか、誰も教えてはくれない中で、そういう決断を迫られるのです。そのとき判断の基準となるのが、人間性なのです。そのようにして、要所要所で決断をしてきたことが累積、積分されたものが人生・仕事の結果となって、会社をつくっていくわけです。どういう道を選ぶのか、その判断が経営者にとってたいへん大事なことなのです。

それには先ほど言ったように、温情と冷徹さ、臆病と勇気、緻密さと大胆さといった両極端がなければいけません。緻密でなければ、ザルから水が洩れるように経営などうまくいきやしません。ところが、緻密なだけであったら、今度は大胆な決断などできなくなってしまいます。経営者というのは、相反する両方の性格をもたなければならないわけです。あくまでも緻密で細かいことにまで気がつき、会社を見られなかったら、経営者としてはザルです。ザルでは経営になりません。かといって、ザルな経営をしないために非常に細かいことにまで気をつけるものの、ミクロだけを見ていては大局を見逃してしまい、これもたいへんなことになります。ミクロとマクロ、大胆さと緻密さ、冷徹と情愛、そういう相反する両方の性格が要るのです。

しかも、両方の性格をもった上で、それらを出すべきところで出さなければいけないわけです。温情をかけるべきときに温情が出る。「ここは厳しくなければならない」というときに温情をかけては駄目なのです。温情が出なければならないときに厳しさが出て、厳しくなければならないときに温情が出てきたということでは、会社はうまくいきません。フィッツジェラルドが言うとおり、ときに応じて正常に機能させる能力が要るわけです。矛盾する両極端な性格をあわせもち、それらを矛盾なく正常に出しうる能力、これを現代における一流の知性というわけです。

自分で会社を起こし、経営をしているような方は、多分にその両面をもっているはずです。これがバラバラに出ますと、「うちの社長は気がふれたみたいに、さっきはやたらと褒めていたかと思うと、急に烈火の如く怒っている。あれは何かおかしいのではないか」と思われてしまいます。たいていのリーダーはそういうところをもっているのですが、それを矛盾しないように出さなければいけないわけです。多くの人は、そうした矛盾する二つの性格はもっていませんので、リーダーはそれがあるだけでも偉いのです。しかし、そういうものをもともともっているということ自体が矛盾なのですから、矛盾を矛盾のままにしておいたのでは、「ただの人」です。その矛盾を正常に機能させなくてはならないのです。

小善は大悪に似たり

では、それをどのように発揮するのか。温情をかけるべきときに温情を出し、非情になるべきときに非情さを出さなければならない。そのことを、私は社員によくこのように説明しています。

仏教では「小善」と「大善」という言葉があります。「小善は大悪に似たり」とも言います。小さな善というのは大きな悪に似ている、ということです。この考え方はＩＢＭが社員教育の中で採り入れていますが、仏教思想から採り入れたのではなく、おそらくキリスト教的なものでしょう。または、トーマス・Ｊ・ワトソンという創業者が自分の体験から導き出したのかもしれません。彼はこういう喩えを引いています。

鴨が毎冬ある湖に飛んで来て、冬を過ごしていた。ある年の冬、たいへんな寒波が押し寄せてきて湖が凍結し、鴨は水草を食べられなくなり、飢えて瀕死の状態になっていた。それを見かねた近所の農家に住む一人の老人が、穀物を家からもってきて水辺で撒いて、鴨を飢えから救ってやった。鴨は毎朝、老人が穀物をもってきてくれるのを待っていて、それを食べて寒波に見舞われた厳しい冬を無事に過ごすことができた。ところが、いつも餌づけをされていたので、厳しい冬でも餌を自分で啄《ついば》むことを忘れて、北へ帰っていった。ある年の冬、鴨たちがまた湖にやって来た。その冬もたいへんな寒波が押し寄せてきて、以前の冬と同じように湖が凍って、鴨たちは水草を啄めなくなってしまった。そしてその寒波で、ついに老人も死んでしまった。鴨は毎日毎日、老人が餌をくれるのを待っているけれども、待てど暮らせど老人が来ないので、ついに全羽死んでしまった。このようなお話です。

これは私なりの解釈ですが、最初の年の冬に寒波が押し寄せて湖が凍結したので、老人がかわいそうにと思って餌を撒いたことを「小善」と言うのです。もしそれを見過ごして、大自然の苛酷な条件の中で生き延びなければならない鴨に餌をあげなかったら、何羽かはそこで飢え死にしたかもしれないが、鴨はさらに南の方に飛んでいって、いくらかは生き残ったに違いない。そういう厳しさが自然の掟であり、「大善」なのです。

子供の教育でも同じことが言えます。昔から「かわいい子には旅をさせよ」という諺があります。これは「大善」です。一方、かわいい子供が駄々をこね、自分も経営者で小金をもっているので、ついつい甘やかして言われるままにお金を与えて、下らない子供に育ててしまう。そのことが「小善」であり、その子供にたいへんな悪をなし、将来たいへん駄目な人間にしてしまうかもしれません。目先の小さな愛情、情けというものは、実は大悪なのです。将来のある大切な子供であるからこそ、厳しい世間の掟を体験させ、躾けていくことが、結局は本人を幸せに導いていくための「大善」になるのです。

「小善」のリーダーは一般受けし、部下からも「あの人は良い上司だ」と言われますが、その優しさが仇になる場合もありましょう。もう一方の「大善」というのは、スケールが大きく奥深いものであり、ときには非情でさえあります。泣いて馬謖を斬るといった非情さは、実は「大善」につながるものであり、ときに応じて出なければいけないものです。それは、例えば「この男もさほど悪い人ではないし、許してあげてもいいだろう」と思った場合でも、その人を残すことによって全体の組織を駄目にしてしまうかもしれないが、一人を犠牲にすることによって組織全体がよくなるという場合には、その非情さも生きてくるわけです。

ヨーロッパの諺に「腐ったリンゴは早く出せ」というものがあります。籠の中に入ったリンゴの中で、一つでも腐ったリンゴがあれば、籠にあるすべてのリンゴが腐ってしまいます。だから、早く腐ったリンゴを取り除く必要があります。そういう「大善」のための非情さというものは、許されるわけです。ちょうど、インタビューに来たＮＨＫの人たちにこういう話をしていたものですから、皆さんの経営にもたいへん参考になるのではないかと思いまして、同じ話をした次第です。

自分を律するもう一人の自分を

今お話ししてきたように、西郷は生真面目でたいへん厳しい人でしたから、遺訓に贅沢するなといった戒めがありますが、われわれ凡人は欲がありますから、なかなかそうはいきません。

西郷は、あの有名な「児孫のために美田を買わず」という言葉を残したわけですが、事実、子供たちには財産を残しませんでした。そのために、西郷家というのは鹿児島にも財産をもっていません。西郷の孫にあたる、参議院議員の西郷吉之助《さいごうきちのすけ》さんという方は、祖父から美田つまり財産を譲り受けていないのです。西郷は自分を律することにたいへん厳しい人でしたから、そういうことを言い、実践したのです。これは偉人の偉人たるゆえんであり、すばらしいことなのですが、われわれ凡人はそうはいきません。会社を一生懸命がんばってつくっていく中で、努力を人一倍する一方で、若干贅沢をすることもあるでしょう。それはそれで構いません。何もすべて西郷の言うとおりにやらなければならない、というわけではありません。しかし、彼の言ったこと、つまりあるべき姿を知っていて、「こんな贅沢をしていいだろうか、いや、いかんな。西郷さんのように生きたいが、悪いけれども今回は許してほしい」と思って、若干はめを外すのと、「おれは社長だ。おれがもうけたんだ」とうそぶき、傍若無人に振る舞うのとでは、ことが違うのです。

この前、東京か大阪の会場で、「女性が好きです」と言った人がいました。あれは非常に正直な話を聞いたと思っています。男だったら、美人を見たら「すばらしい！」と思うのは自然なことです。そう思うからこそ馬力も出るのであって、それはそれでいいのです。ただし、程度の問題はあります。遺訓に「美妾を抱え、蓄財を謀りなば」とあります。お妾さんまで囲うことに血道を上げるようでは、経営はままならないということを知っていて、「あっ、いかんな」と思いつつ、美人を見て胸をときめかせるのは、まだいいのです。

一方、中小企業の経営者の中には、飲んだり食ったりと贅沢はするし、「おれは誰よりもがんばったのだから、もうけた金を自由に使うのは当たり前だ」というそぶいているような人がいます。それではとめどもなく堕落をしていきます。「西郷さんのように生きるよう努めたけれども、今回はすみません」と心で詫びながら贅沢をする場合は、その気持ちが転落への歯止めになります。

謹厳実直で、石部金吉《いしべきんきち》（生真面目で頭が固く、融通の利かない人）みたいに、私が言ったようなことだけをやるのではなく、あるべき姿を知った上で、本当はよくないということがわかっていながら、「このくらいは勘弁してもらえないだろうか」と思いつつ贅沢をすることが、たいへん大事なことであろうかと思います。

なぜなら、いつもそのように思って自分を戒めるようにしていますと、だんだん人間が変わっていき、興味が次第に他のものに移っていくからです。例えば立派な家をつくって、立派な家具に囲まれて自慢をしていた人が、「そんな虚飾に満ちたことは下らん」と言うようになります。立派な家であっても、二年ぐらい住んでごらんなさい、ボロ家と何も変わらなくなります。立派だと思うのは最初のときだけです。「うちは応接間にすばらしい家具が入っていいなあ」と思っていても、二年も住めばその家具も汚くなってしまって、さらに家具の上には奥さんが寝転がっている。十畳一間のところに住んでいたって少しも変わらなくなります。

私などは家に帰れば、いるところは畳半畳です。茶の間に座蒲団を一つだけ置いて、そこで飯を食ってテレビを見ます。そして日曜日は何をするかというと、二階に書斎があるのでそこで勉強すればいいのですが、茶の間に台をもってきて、そこで本を読んでいるのです。他に必要なのは便所と風呂場、そして寝るところだけです。それらを一ヵ所にまとめたら、六畳一間で十分です。考えてみれば、立派な家を構えてみたところで、しょせんは仕方のないことです。そういうことを少しずつわかってきますと、家屋敷を自慢してみたところで、そんなことは意味がないと感じるようになります。

お金があるからといって、人が一杯の飯を食べるときに三杯も食べたら、やがて病気になるに決まっています。おいしいものだからといって、三日も食べ続けてごらんなさい、嫌になります。私なんか、一番おいしいと思うのは、一杯三〇〇円足らずの牛丼です。あれを一杯食べたらたいへんおいしいし、もう十分だと思っています。

何もそういうことをあえてせよと言うわけではありませんが、そうして自分を律することを知っているということが大事なのです。ときに脱線をしても構いませんが、それを戒める自分がいる。私がこういう講演をしますのも、自分を戒めるもう一人の自分を育成するためなのです。

今日はこれで終わらせていただきます。ありがとうございました。

要点

トップがもつフィロソフィ、思想というものに共鳴してくれる集団をつくらなければ、企業は決して強くならない。いろいろな人がいてもいいではないか、面白い考え方をする人がいくらでもいていい、ということではいけない。企業内といえども教育を行って、同じような思想をもった人たちをなるべく多くつくっていかなければならない。

◉

経営者はバランスのとれた人間性をもたなければならない。あるときには、役員幹部から従業員まで、一斉に反対される中で、それでもなお自分の信念に基づいて、「敵は幾万ありとても」の気概で断行することも必要である。またあるときには、一従業員の言葉に謙虚に耳を傾け、勇気をもって自分の計画を取り下げる必要もある。つまり、大胆さと慎重さの両方が必要なのであって、大胆でも慎重でもない、中庸だという意味ではない。

◉従業員に対する接し方にしても、あるときには泣いて馬謖を斬るが如く冷徹で厳しく、あるときには仏の如き人情味あふれる態度を示すことが、経営者には必要である。

◉決断を伴う経営者に求められるのは、単なる円満な人柄だけではない。相反する両極端の考え方、性格をあわせもち、局面によって使い分けられる、バランスのとれた人間性が必要なのである。

◉要所要所で決断をしてきたことが累積、積分されたものが人生・仕事の結果となって、会社をつくっていく。どういう道を選ぶのか、その判断が経営者にとって大変大事なことなのである。

温情と冷徹さ、臆病と勇気、緻密さと大胆さといった両極端がなければいけない。緻密でなければ、ザルから水が洩れるように経営などうまくいかない。ところが、緻密なだけであったら、今度は大胆な決断ができなくなってしまう。経営者というのは、相反する両方の性格をもたなければならない。

温情が出なければならないときに厳しさが出て、厳しくしなければならないときに温情が出てきたのでは、会社はうまくいかない。ときに応じて正常に機能させる能力が要る。矛盾する両極端の性格をあわせもち、それらを矛盾なく正常に出しうる能力、これを現代における一流の知性という。

「小善」のリーダーは一般受けし、部下からも「あの人は良い上司だ」と言われるが、その優しさが仇になる場合もある。もう一方の「大善」のリーダーというのは、スケールが大きく奥深いものであり、ときには非情でさえある。

[著者]
稲盛和夫（いなもり・かずお）
1932年、鹿児島県生まれ。鹿児島大学工学部卒業。59年、京都セラミック株式会社（現京セラ）を設立。社長、会長を経て、97年より名誉会長。84年に第二電電（現KDDI）を設立、会長に就任。2001年より最高顧問。10年に日本航空会長に就任し、代表取締役会長、名誉会長を経て、15年より名誉顧問。1984年に稲盛財団を設立し、「京都賞」を創設。毎年、人類社会の進歩発展に功績のあった人々を顕彰している。また、若手経営者が集まる経営塾「盛和塾」の塾長として、後進の育成に心血を注ぐ。
主な著書に『生き方』（サンマーク出版）、『アメーバ経営』（日本経済新聞出版社）、『ゼロからの挑戦』（PHP研究所）、『成功の要諦』（致知出版社）、『人生の王道』（日経BP社）、『ど真剣に生きる』（NHK出版）、『君の思いは必ず実現する』（財界研究所）、『働き方』（三笠書房）、『燃える闘魂』（毎日新聞社）などがある。

稲盛和夫オフィシャルサイト
http://www.kyocera.co.jp/inamori/

稲盛和夫経営講演選集　第1巻
技術開発に賭ける

2015年９月10日　第１刷発行

著　者――稲盛和夫
編　集――京セラ株式会社
発行所――ダイヤモンド社
〒150-8409　東京都渋谷区神宮前6-12-17
http://www.diamond.co.jp/
電話／03･5778･7236（編集）03･5778･7240（販売）
装丁――竹内雄二
本文デザイン―布施育哉
校正――鴎来堂
製作進行――ダイヤモンド・グラフィック社
印刷――勇進印刷（本文）・加藤文明社（カバー）
製本――ブックアート
編集担当（ダイヤモンド社）―和田史子、中村明博、今野良介

ISBN 978-4-478-06629-4